JN074594

体育が得意になる！

とっておきパパとママのコーチ術

新装改訂版

体育家庭教師スポーティーワン代表

水口高志 監修

I did it !

はじめに

「どうして、そんなこともできないの⁉」

「もっと○○しなさい！」

「あなたは何やってもダメね」

ガミガミ、イライラ。そんな経験はありませんか？

私たちが育ってきた環境と、現在の子どもたちを取り巻く環境は全く違います。少子化、都市化、核家族化、受験志向による勉強時間の増幅。子どもたちは、今、大変な環境下にいるのです。

そんな時代だからこそ、この本を通して、子どもたちの運動能力を向上させ、心と体を成長させる一助となれることを願っています。

パパ・ママの心得その１〜「最初はできなくて当たり前。だから一緒にがんばろう」という姿勢で臨むこと。楽しみながら、色々なことを覚えていこうとする気持ちが子どもに芽生えます。

パパ・ママの心得その２〜たとえば、かけっこのモモが少し上がるようになった、「もう１回やってみる」と自分から言った…など、子どもたちのちょっとした変化を見逃さず、ひとことほめてあげましょう。上達させ、成長させる最大のチャンスです。

パパ・ママの心得その３〜根気よく、気長につきあってあげることが必要です。必ずできるようになることを教えてあげましょう。人によって、できるまでにかかる時間や回数が違うだけのこと。

子どもたちだって、パパ・ママだって、

「やればできる！」のです。

体育家庭教師・スポーティーワン代表／水口高志

わが子の体育の成績をあげる

子どもによって、できるようになるまでに
かかる時間や回数が違うだけで、
誰でもみんな、やれば必ずできる!
最初はできなくてあたり前なんだ、と
パパ・ママも認識し、子どもにも教えてあげよう。
そして、小さな変化でも見逃さずにほめながら、
根気よく練習につきあってあげることが必要だ。
もともと体育ができる子どもも、
正しい方法を学ぶことで、もっと上手にできる。
どの競技も、上手に行うためには体の各パーツへ
効率的にエネルギーを伝え、ムダをなくすことが大切。
種目ごとの具体的なエネルギーの伝え方を
本書内で紹介しているので、参考にしてほしい。

できない子もできるようになり できる子はより上手にできる。
パパ・ママが教える体育のコツ50

体育を得意にさせるための
最短距離

1 できないところを知る

2 強化したいテクニックの
ページを開く

3 3つのツボを頭に
たたき込む

4 練習を繰り返して
自分のものに!

体の使い方・各パーツの基本

手と足の指

手の指

手の素早い動きを可能にし、腕の力を最大限に発揮するためには、指の役割は大きい。特に中指・薬指・小指は重要で、この3本で物を持ったり握ることで、理想的な動きが作れるようになる。一番大切な指は、小指。小指が使えないと力が入りにくい。

足の指

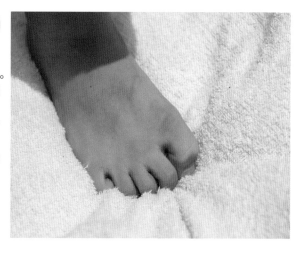

最近は、力を入れて踏ん張ることができない子どもが多い。外遊びをたくさんしたり、裸足での生活を取り入れることが重要だ。足で一番大切な指は親指。親指が使えないと、力が入りにくい。つま先に体重をかけることは、速く走るための前傾姿勢を作ったり、なわ跳びを跳ぶときなどに重要な役割を果たす。

全身

頭
すべての種目において、いいイメージができれば、いい結果が出やすくなる。まずは、頭も心もリラックスできるようにさせることが大切。

ヒジ
90度に曲げたまま力を抜いて前後に振ることで、速く走るための動きのひとつとなる。

手首
力を抜いてうまく使えば、速いボールや遠くへ投げられるようになる。また、手首を切り返すことで、鉄棒などでスムーズな動きもできるようになる。

ハムストリング
お尻からモモの裏側にかけての部分。この部分を鍛えることで、瞬発的な動きができるようになる。

靴
靴がゆるいと、力が入らないし長く走ると擦れて痛くなる可能性がある。ヒモかマジックテープが付いた靴を選び、キツく締めて靴の中で足が泳がないようにする。

肩
柔軟性があり、筋力があると、ボール投げ・かけっこ・鉄棒など、いろいろな種目でいい動きができるようになる。

お腹
体の中心部分。走る・跳ぶ・回る・投げる・バランス、すべてにおいて重要だ。腹筋トレーニングで鍛える必要がある。

背中
腹筋同様、背中の筋力が発達していると、体の軸が安定して力強い動きができるようになる。

太モモ
太モモが大きく、速く動かすことができれば、高く、遠くへの動きができるようになり、記録が出やすくなる。

ヒザ
柔軟性が必要な部位。特にバランスにおいて、ヒザの力の加減が大切になる。

足首
足首に柔軟性があれば、瞬発的な動きが可能になるため、非常に大切だ。常に柔らかく保つために、ストレッチが欠かせない。

1つの運動から何通りもの効果を生む運動チャート

苦手を克服することが、スポーツを楽しむ土台作り

体育は、学校の授業のためだけにあるのではありません。健康な体を作り上げ、小学生の時期に大切な運動能力をのばすことで、将来、いろいろなスポーツを楽しむための土台作りにもなるのです。

		野球	サッカー	水泳	バスケ	バレー	陸上(短)	陸上(長)	走幅跳び	高跳び	ハードル	柔道
Part1 走る力をのばす												
コツNo.1	腕振り	●	●		●		●		●	●	●	
コツNo.2	モモの高さ	●	●		●		●		●	●	●	
コツNo.3	カカトの引きつけ	●	●				●		●		●	
コツNo.4	スタートダッシュ	●	●			●					●	
コツNo.5	中間疾走	●	●		●		●					
コツNo.6	ペース配分							●				
コツNo.7	呼吸方法							●				
コツNo.8	軽い腕振り		●		●			●				
コツNo.9	カカト着地	●	●		●			●				
コツNo.10	リラックス走り		●		●			●				
Part2 跳ぶ力をのばす												
コツNo.11	まっすぐジャンプ				●	●						
コツNo.12	つま先&タイミング				●	●				●		
コツNo.13	高いジャンプ				●	●			●	●		
コツNo.14	助走ありジャンプ		●		●	●			●	●		
コツNo.15	助走なしジャンプ		●		●	●						
コツNo.16	横移動&横ジャンプ	●	●		●	●						●
コツNo.17	手つきジャンプ				●							
コツNo.18	お尻を高くジャンプ								●	●		
コツNo.19	両足ジャンプ		●		●	●						
コツNo.20	ジャンプ両足着地				●	●			●			
Part3 投げる力をのばす												
コツNo.21	ボール持ち方	●										
コツNo.22	投げる方向	●										
コツNo.23	横向き	●										
コツNo.24	右足体重	●										
コツNo.25	体の使い方	●			●							●
コツNo.26	つま先	●	●									
コツNo.27	左腕の引きつけ	●										
コツNo.28	右腕の軌道	●				●						
コツNo.29	顔の位置	●			●	●						
コツNo.30	体重移動	●										
Part4 回る力をのばす												
コツNo.31	前後回転		●	●								●
コツNo.32	頭の位置			●								●
コツNo.33	素早く回転			●								●
コツNo.34	横回転											
コツNo.35	バランス回転											
コツNo.36	肩幅回転				●							
コツNo.37	足中心									●		
コツNo.38	タイミング回転									●		
コツNo.39	踏込み&高さ		●							●		
コツNo.40	手首回転											
Part5 バランスを取る力をのばす												
コツNo.41	バランス											
コツNo.42	上半身バランス				●	●						
コツNo.43	片手バランス											
コツNo.44	両手バランス											
コツNo.45	手押しバランス											●
コツNo.46	お尻バランス											
コツNo.47	座りバランス											
コツNo.48	腹筋トレーニング	●	●	●	●	●	●	●	●	●	●	
コツNo.49	バランストレーニング	●	●	●	●	●	●	●	●	●	●	
コツNo.50	集中力&イメージ	●	●	●	●	●	●	●	●	●	●	●

このチャートは、本書で解説する「コーチ術のコツ」50 項目が、他の競技にどう関わってくるかまとめたものです。縦軸がコーチ術のコツの主要部分、横軸が代表的な競技種目です。

　子どもには、ただ、運動を押し付けてやらせるのではなく、好きなスポーツを見つけて、そのために努力することを伝えることが、子どものモチベーション UP につながり、積極的に取り組むキッカケにもなります。

　また、Part1 のコツ No.1 の「腕振り」では、野球の走塁や守備の姿勢に、Part3 コツ No.25 の「体の使い方」の下半身から上半身へのエネルギーの伝わり方では、ボールを投げる動作だけでなく、ゴルフのスウィングにも役立ちます。体育の得意な子どもに育てるために、いろいろな運動をすることが多くのことに役立つことを教えてあげてください。

相撲	バドミン	卓球	ラグビー	ハンド	ゴルフ	ボクシング	ボウリング	トライ	
									Part1
			●	●					コツNo.1
			●	●					コツNo.2
			●	●					コツNo.3
			●						コツNo.4
			●	●				●	コツNo.5
								●	コツNo.6
								●	コツNo.7
								●	コツNo.8
			●	●				●	コツNo.9
			●	●				●	コツNo.10
									Part2
	●			●					コツNo.11
				●					コツNo.12
				●					コツNo.13
				●					コツNo.14
				●					コツNo.15
●	●	●	●	●	●				コツNo.16
									コツNo.17
									コツNo.18
				●					コツNo.19
									コツNo.20
									Part3
									コツNo.21
			●	●					コツNo.22
			●	●	●				コツNo.23
				●	●				コツNo.24
●				●					コツNo.25
				●			●		コツNo.26
		●		●					コツNo.27
		●		●	●				コツNo.28
	●	●	●	●	●	●			コツNo.29
	●	●	●	●	●	●			コツNo.30
									Part4
●									コツNo.31
									コツNo.32
									コツNo.33
									コツNo.34
									コツNo.35
									コツNo.36
									コツNo.37
									コツNo.38
									コツNo.39
									コツNo.40
									Part5
									コツNo.41
				●					コツNo.42
									コツNo.43
									コツNo.44
●		●							コツNo.45
									コツNo.46
									コツNo.47
●	●	●	●	●	●		●	●	コツNo.48
●	●	●	●	●	●	●	●	●	コツNo.49
●	●	●	●	●	●	●	●	●	コツNo.50

※競技種目名で、バスケ＝バスケットボール、バレー＝バレーボール、陸上 (短)＝陸上 (短距離)、陸上 (長)＝陸上 (長距離)、ハードル＝ハードル走、バドミン＝バドミントン、ハンド＝ハンドボール、トライ＝トライアスロンをあらわします。

体育が得意になる!
パパとママのとっておきコーチ術

新装改訂版

PART 1 走る力をのばす

PART 2 跳ぶ力をのばす

PART 3 投げる力をのばす

本書の使い方

　本書は最初から読み進めるべき解説書ではありません。各テクニックが見開き完結となっており、みなさんの知りたい習得したい項目を選んで、読み進めることができます。各テクニックは、それぞれ重要な3つの『効くツボ』で構成され、習得のポイントを分かりやすく解説しています。

　コツが分かるから覚えやすい。覚えやすいから身につきやすい。ぜひスーパーテクニック習得に役立ててください。

1 コツ No.
50項目のテクニックを掲載。すべてを自分のものにして、レベルアップ。

2 タイトル
具体的なタイトルで、身につけたい技術が一目瞭然。知りたいテクニックから読み進めよう。

3 コレが直る
そのテクニックを習得することで、できないことができて、修正できなかった部分を直すことにもつながる。

4 効くツボ
テクニックを3つのツボにして表現している。この「ツボ」さえおさえれば、テクニック習得はもう目前。

5 本文
紹介しているコツの概要を紹介している。テクニックを使用する場面などを整理しておく。

6 効くツボ1・2・3
3つのツボを詳しく、わかりやすく掲載している。しっかり身につけ、1日も早い習得を目指そう。

7 やってみよう
掲載したテクニックを習得したら、さらなるレベルアップを図りたい。ここに掲載されている内容にもチャレンジだ。

8 できないときはここをチェック
掲載されている通りやってみても、なかなか上手くいかない。そんな時は、ここを読んでみよう。落ち入りやすいミスを掲載している。

かけっこ、マラソン

走る力をのばす

短い距離を速く走るかけっこと、長い距離をリラックスして走るマラソン。
それぞれに適した腕の振り方や歩幅の大きさを教える。

コツ No.01 ▶ 速く走る

小さく前ならえのポーズから、力を抜いて小さく腕を振る

> **コレが直る** 力を抜いてムダのないコンパクトな腕振りができるようになる。

90度にヒジを曲げ、力を抜いてコンパクトに腕を振る

速く走るには、じつは腕の振りが非常に大切である。腕が動けば、足もスムーズに動くからだ。グッと手を握ってしまうと肩に力が入り、腕が動きにくくなるため、**パーに近いくらいの手の形で、ワキが開かない**ように小さく振るといい。

パパ・ママは、子どもの後ろで手をかざし、腕の角度や、振りの大きさがわかりやすいようにサポートする。がんばりすぎる子はとくに、力を抜くのが苦手なことが多いので、うまく力を抜けるコツを教えてあげる。

効くツボ
1. 小さく速く腕を振る
2. 力を抜いて軽く握る
3. 親指を上に向ける

効くツボ 1

小さく前ならえの形から小さく速い腕振りをサポートする

ヒジが伸びたままだと、腕の振りは遅くなり、肩が動いて軌道もブレやすい。速く足を動かすために、速く、コンパクトに腕を振ることを教えよう。ヒジを90度に曲げ、手が洋服のワキの線（体側）を過ぎるくらいまで引くように、親が後ろで手をかざしてヒジタッチさせてサポートする。

効くツボ 2

たまごをつぶさずに持つイメージで軽く手を握らせる

速く走ろうと思うと、つい力が入ってしまいがちだが、力が入ると腕が動かなくなってしまうので、生たまごをそっと持つように軽く握ることが大事。両手を垂らしてブラブラ揺すり、脱力させてから、軽く握る方法を教えよう。グーよりもパーに近いくらいでかまわない。

効くツボ 3

親指が自分の顔を指すように、手の平を内側へ向けさせる

手の甲が上を向くようにして腕を振ると、ヒジが開いてしまい、速く走れない。親指が上を向くようにすれば、ワキが閉じてコンパクトに腕を振れるようになるので、マスターさせたい。足を前後に開いて立たせ、実際に腕を振らせながら、動きを止めて親指が顔を指すように教える。

やってみよう
その場で腕振りを反復

たとえば50回など回数を決めたり、50mを10秒で走る子なら10秒間と時間で区切るなどして、その場で腕を振る練習をさせる。パパ・ママは、形が崩れていないかチェックしてあげよう。

できないときはここをチェック ☑

どうしてもヒジが伸びてしまう場合、パパ・ママが後ろに座り、子どもの腰の高さで腕を水平に伸ばして、「ここに触らないよう振ってね」と指導する。

ヒザタッチと手拍子で 高くテンポよくモモを上げる

> **!** コレが直る 足を正しい形で高く上げ、ストライドを大きく取れるようになる。

両モモを同じ高さに、リズミカルに 上げる方法を教える

速く走れない子どもは、ヒザの位置が変わらず、足をひきずるように走ることが特徴のひとつといえる。その場合は、まずは**足を大きく動かす**ことが課題。ヒザを高く上げれば1歩が大きくなるため、大またで走れるようになり、それだけでも違ってくる。

手の平をかざしてヒザタッチさせることで高さを教え、手拍子でリズムを教えよう。難しい場合には、**腕を大きくしっかり振ること**で足が上がりやすくなることも伝えてあげるといい。

> **効くツボ**
> 1. モモ・ヒザ・足首を直角に
> 2. ヒザタッチで高さを教える
> 3. 手拍子でリズム作り

効くツボ 1

足裏を支えてモモ・ヒザ・足首を 90 度に曲げさせる

速く走れない子どもは、足が十分に上がっていないことが多い。モモを高く上げれば1歩が大きくなり、速く走れるひとつの要素となる。モモ・ヒザ・足首をそれぞれ 90 度に曲げることが大事なポイントだ。手の平に子どもの足を乗せて持ち上げ、角度を作ってあげるとわかりやすい。

効くツボ 2

ヒザタッチをしてモモを高く上げる動作をサポートする

子どもの足の付け根の高さに手の平をかざして、そこに触れるようその場でモモ上げをさせる。手の平は、ヒザのすこし手前に置くとよい。走るリズムではバランスが崩れてしまうようなら、最初は足踏みでもかまわない。両足が同じ高さに上がっているか、チェックしてあげる。

効くツボ 3

手拍子でモモ上げのリズム作りをサポートする

リズミカルにモモ上げができるように、パパ・ママは手拍子をしてサポートしよう。基本は、音楽でいう8分くらいのテンポで行うが、最初はゆっくり足踏みでかまわない。慣れてきたら軽く走るようなテンポにしたり、さらにスピードアップしたりと、いろいろなリズムで行ってみる。

やってみよう

連続モモ上げを反復練習

同じ高さまでモモを上げられるようになったら、10回続けてみる。それができたら次は20回、30回…と回数を増やしたり、実際に走る秒数にあわせて、全力でモモ上げをさせてみよう。

できないときはここをチェック ☑

足がなかなか上げられない子どもには、手の平で足裏を支えた状態から、足をすこし浮かせさせてみる。股関節に力を入れるコツがわかるだろう。

カカトでお尻をたたくように蹴って走る

> 💡 **コレが直る** カカトをお尻につけて、蹴り上げたあとの足の動きを覚えさせる。

足首を直角に曲げてカカトをお尻に引きつける練習をする

しっかり蹴り上げられるようになるには、カカトをお尻まで引き上げる感覚を身につける必要がある。

子どもは柔軟性が比較的あるため、わりとすぐにできることが多いが、慣れていなかったり、幼くてカカトを引きつける意味が理解できない、あるいは小学校高学年では筋肉が邪魔をして、困難な場合もある。

まずは基本の姿勢を教え、実際に**地面を蹴ってリズミカルに連続してできるところ**まで、段階を踏んで習得させる。

効くツボ
1. **カカトをお尻につけさせる**
2. **手の平でカカトタッチする**
3. **テンポ良く連続して行う**

効くツボ 1

足首を持って、カカトをお尻につけさせる

走るときにしっかり地面を蹴れていると、蹴り足のカカトはお尻につくはずだ。まずは、パパ・ママが足首を持ってカカトをお尻につけてあげて、正しい姿勢を教えよう。背筋を伸ばして顔はまっすぐ前、上げた足のヒザは真下を向いていること、足首が90度になるように気をつけさせる。

効くツボ 2

お尻に手を置いてカカトタッチにチャレンジ

基本の形を覚えたら、お尻に手をつけさせて、自分でカカトタッチの練習をさせる。慣れるまでは片足立ちをすることでグラグラしがちなので、パパ・ママは、カカトがお尻に届いているかに加えて、フラフラしていないか、腰を引かずに上体をまっすぐに保てているかをチェックする。

効くツボ 3

リズミカルなカカトタッチを手拍子でサポートする

カカトをお尻につける感覚がつかめたら、今度はテンポ良く繰り返しできるように練習をさせよう。モモ上げと同様に8分のテンポでできるように、パパ・ママは手拍子でリズムを取ってサポートしてあげるといい。動きの中でも形や姿勢が崩れないように、声をかけてもいいだろう。

やってみよう

前進しながらカカトタッチ

その場で10回上手にできたら、前進しながらのカカトタッチに挑戦させてみよう。スピードをつけるとヒザが前に出てしまいやすいため、すこしずつ進ませる。目安は、8mで50回程度。

できないときはここをチェック ☑

うつぶせになって、ストレッチをかねて練習をするとよい。立ったときと同じカカトタッチの姿勢を作れるようにサポートしてあげる。

スタートダッシュを速くする
前傾姿勢は支えて作る

💡**コレが直る** スタートするときの体が前に倒れる感覚をつかむことができる。

速いスタートダッシュを体感させ、その方法を覚えさせる

かけっこのスタート練習をしている子と、したことがない子では、「よーいどん！」の時点で体半分くらい、距離でいうと1mほどの差がついてしまう。

それに、スタートがうまくいけばいちばん前に立てるわけだから、モチベーションも上がるし自信もつく。練習しない手はないだろう。

大切なのは、**このくらいの速さが速いということなんだという感覚をつかむこと**。方法さえわかれば、誰でもスタートダッシュは速くできる。

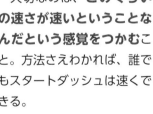

効くツボ
1. 斜めになるまで体を倒す
2. 倒れる寸前に一歩踏み出す
3. ゴムでロケットスタート

18

効くツボ 1

まっすぐ前に倒れ込ませて
スタート時の前傾姿勢を教える

背筋を伸ばしてまっすぐ立たせて、そのまま前へ倒れ込ませる。パパ・ママは子どもの前で立てヒザをしてスタンバイし、斜め45度まで傾いたところで肩を支えてあげる。腰が引けてお辞儀になっていないか、子どもの全体重が両手にしっかり乗っているかをチェックしよう。

効くツボ 2

はじめの一歩を確認し、
その足をスタート時に引かせる

効くツボ1の要領で倒れ込ませ、今度はパパ・ママが支える代わりに、ギリギリのところで1歩前に足を出させる。2～3度繰り返してみて、回数が多く出た方の足が、その子の出やすい足。かけっこのスタート時には、その足を一歩後ろに引いて構えると走りやすいことを教えてあげる。

効くツボ 3

ゴムが縮む力を利用して
スタートダッシュの感覚を教える

腰骨の位置にゴムひもを結んで張り、収縮の力を生かしてスタートダッシュの感覚をつかませる。裁縫用のゴムは弱いので2重にするといい。ゴムは手に1回巻いてしっかり持ち、水平に引く。子どもには、手と足を速く大きく動かすことを指示し、転倒には十分に注意すること。

やってみよう

スピード感覚を練習

ゴムひもを使ったスタートダッシュの練習は、最初は2～3歩進む程度でいいが、できるようになったら、10mくらい引っぱりながら走らせるといいだろう。スピードに乗る感覚がつかめる。

できないときはここをチェック ☑

前に倒れるのが怖い子は、肩に手を当てて支えながら徐々に体を傾けてあげるとよい。徐々に慣らして、体が斜めになる感覚をつかませる。

19

肩を揺らさず、
地面を強く速く蹴って走る

> 💡 **コレが直る** 力強く地面を蹴り、コースイメージを持つことでタイムが伸ばせる。

ゴールラインをイメージして、ペース配分を

スタートダッシュがうまくできたら、次は正しい姿勢を保って走る練習をさせる。

まずは、肩が揺れないように、両胸と両腰骨を結ぶ四角を描いて上半身を安定させ、馬になったつもりで、地面に跡がつくくらい強く速く蹴ることを教える。蹴り跡が確認しやすいように、**土の地面で練習**するとよい。

フォームを覚えたら、走るコースを先読みすることで体が上手に動くことを教え、走り出す前に、ゴールまでのラインを頭に描くことを習慣づけさせる。

効くツボ
1. 体を正面に向けたまま走る
2. 跡がつくくらい強く蹴る
3. コースとペースを意識する

効くツボ 1

上半身全体を正面に向け、軽い前傾姿勢で走るよう教える

走り始めてからは、スタート時よりすこし上体を起こした軽い前傾を保ち、でんでん太鼓のように左右に体を揺すらない。両胸と腰骨を結ぶ四角形を指で子どもの体になぞり、上半身全体が正面を向いている姿勢を意識させる。アゴが上がったり、お尻が後ろにさがっていないかを見る。

効くツボ 2

地面を押すようにして、蹴り跡ができるくらい強く蹴らせる

砂が舞上がったり足跡がつくくらい、強く地面を蹴るように教える。地面をグッと押すように力を入れるのがコツ。しっかり蹴り上げられていないと足が低い位置しか通らないが、できていれば、足がヒザの上を通って回転し、カカトがお尻につくはず。横からチェックしてあげよう。

効くツボ 3

指さし確認でコースイメージを描かせ、ペース配分させる

直線であっても、コースを先読みしてゴールまでのイメージを持たないとタイムは出せない。たとえばコース全体を10秒で走りたいなら、ここまでを3秒で走ろうとか、ここからスパートしようという意識を持つことが大切だ。指さし確認をしながら、透明のラインをイメージさせる。

やってみよう

カーブではライン内側を走る

コーナーは、ラインの内側を通るイメージを持ち、常に先を見ながら走るとよい。遠心力がかかるので、左肩をすこし下げ、右手を大きめに振ることが、上手に走るためのポイントだ。

できないときはここをチェック ☑

正しいフォームを維持する体力がない子は、最初はスピードが遅くていいので、たとえば「しっかり蹴る」など、1日にひとつの課題を決めて練習する。

親子で一緒に楽しく走って ペース配分を考える

> 💡 **コレが直る** 長距離を走ることに慣れ、楽しく気持ちよく走れるようになる。

マラソンのリズムを教え、止まらずゆっくり一緒に走る

　マラソンが嫌いだったり苦手だという子どもは少なくないが、長距離を走ることには、心肺機能が高まったり、持久力や脚力がついたり、メンタル面も鍛えられたりと、いい点がたくさんある。

　ダッシュせずにゆっくり走るなど、苦しくなりにくいコツを教えるとともに、パパ・ママも会話しながら一緒にジョギングをして、走る楽しさ、気持ちよさを体感させる。

　まずは、走りきることが最優先。距離もタイムも、徐々にレベルアップすればよい。

効くツボ
1. 会話しながらゆっくり走る
2. 一定の力を出し続ける
3. デッドポイントで歩かない

効くツボ 1

楽しみながらゆっくり走って、長い距離に慣れる

マラソンは苦しいから嫌い、という子どもは多い。まずは、ジョギング程度にゆっくり走る練習をして、長い距離に慣れ、走る気持ちよさを知ることから始めよう。楽しくおしゃべりをしながらだと、あっという間に長い距離を走れてしまうので、パパ・ママも併走しながらサポートするとよい。

効くツボ 2

ゆっくり呼吸しながら一定のリズムで体を動かし続ける

短い距離を全力で走るかけっこと、長い距離を同じ力で一定のリズムで走るマラソンでは、走り方を変えなければいけない。マラソンは、スタートから力いっぱいダッシュせず、持っている力を少しずつ出していくことがポイント。かけっこもマラソンも、好きになれるように練習させよう。

効くツボ 3

苦しいポイントをこらえると体が慣れてくる

マラソンには、デッドポイントという苦しい時期と、体が慣れて楽になるステディポイントがある。1000mを5分で走る子なら、5〜600mが最も苦しい。が、そこで休まず、足が疲れたら腕を振るなど、比較的楽なところを動かしていると、呼吸が整って再び体が動くことを教える。

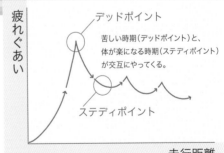

デッドポイント
苦しい時期（デッドポイント）と、体が楽になる時期（ステディポイント）が交互にやってくる。
ステディポイント
疲れぐあい
走行距離

やってみよう

遊びながら距離を延ばす

しりとりやゲームをしながら走ると、気がまぎれて長い距離もクリアしやすい。無理にスピードを上げず、ジョギング程度にゆっくり走りながら、徐々に距離を延ばしていくとよい。

できないときはここをチェック ✓

学校のマラソン大会など、目標があると走りやすい。親が一緒に練習をしたり、買い物のついでなどに「あそこまで走ろう」と遊び感覚で走ってみる。

スッスッハーのリズムで呼吸をしながら走る

> 💡 **コレが直る** 呼吸法を知り、より楽に、苦しくならずに長距離を走れるようになる。

鼻から吸って口で吐く呼吸の方法とリズムを覚えさせる

ふだんから呼吸法を意識して走っている子どもは少ないだろう。**決まったリズムで呼吸を行えば、長距離を楽に走りやすくなる**ことを教えてあげると、マラソンの練習も苦にならない。

ただし、どの呼吸法がいちばん楽に走れるかは個人差があるので、基本のやり方では苦しいようなら、こだわりすぎずに自然な呼吸に戻してもかまわない。一緒に走りながら、子どもに合った呼吸法をみつけてあげよう。

効くツボ
1. 基本の呼吸はスッスッハー
2. 走るテンポに合わせて呼吸
3. いろいろな呼吸法を試す

効くツボ 1

「スッスッハー」という
基本の呼吸法を覚えさせる

基本の呼吸法は、吸って吸って吐く「スッスッハー」のリズム。鼻から吸って口で吐く、呼吸が基本だ。息を吐ききらないと新しい空気は入ってこないので、長く吐くように教えよう。ただし、この方法で余計に苦しくなるようでは本末転倒。こだわりすぎず、自然な呼吸に戻させてよい。

効くツボ 2

手拍子やかけ声で呼吸の
リズムを教えながら伴走する

実際に「スッスッハー」の呼吸法で走ってみよう。パパ・ママも伴走し、走るテンポと呼吸を合わせるように手拍子やかけ声でリズムを取ってあげるとよい。呼吸法を知ることで、より楽に、苦しくなく走れるようになるため、練習がイヤでなくなる子どもも多い。ぜひ、試してみよう。

効くツボ 3

いろいろな呼吸法を試して
その子に合う方法をみつける

息が上がるまで走らせ、スッスッハーとスッスッハーハーの2種類の呼吸法を試させて、どちらが苦しくないかを本人にきくか、パパ・ママが子どもの様子を見て確かめる。何をしても苦しいときは、ゆっくり呼吸してみるのもいい。いろいろ試して、その子にいちばん合う呼吸法をみつけることが大事だ。

やってみよう
ペースアップさせてみる

ペースを上げると、呼吸はスーハースーハーに変わってくる。ゆっくり長くスッスッハーハーで走る練習に併せ、スピードを上げたり距離を延ばしたりしても同じ呼吸で走れるか挑戦させてみよう。

できないときはここをチェック ☑

まずは呼吸の練習をしてみる。鼻から吸うとおなかが膨らみ、口から息を吐ききるとぐっとへこむことを体験させると、感覚がつかみやすい。

長距離走では手の力を抜いて楽に小さく腕を振る

💡 コレが直る　力を抜く方法を知り、楽な腕振りを続けられるようになる。

おなかと背中だけに力を入れ、肩の力は抜いて腕を振る

かけっこマラソンでは、腕を振る意味が違うため、力の入れ方も変えなければいけない。短距離走は体を速く動かすために思い切り振るが、**長距離走では、力は入れず楽に振って**、リズムを取る。

とはいえ、スピードなどいろいろなことを考えて一生けんめいに走っていると、つい力が入ってしまうもの。おなかと背中だけにすこし力を入れたまま、肩の力を抜くよう教えてあげよう。一度グッと肩に力を入れてから脱力すると、やりやすい。

効くツボ
1. 腕をブラブラして脱力する
2. 楽な腕振りでリズムを取る
3. 走りながら腕の力を抜く

効くツボ 1

走り出す前に、両腕をブラブラ して力を抜く準備をさせる

マラソンを走るときは、長時間同じ動きを続ける必要があるので、腕の振りも楽でなければいけない。まずは腕をだらりと下げてブラブラ揺らし、力を抜く準備をしよう。ただし、脱力しても、ワキを締めて腕を振るのはかけっこのときと同じ。姿勢が崩れないよう気をつけること。

効くツボ 2

マラソンのときは低い位置で 楽に腕を振ってリズムを取る

かけっこは、速く足を動かすために、腕を小さく前ならえの形にして元気いっぱい振るが、マラソンの腕振りはリズムを取るために、かけっこのときよりすこし低い位置で、力を抜いて楽に振る。腕を振る目的が違うため、体の使い方も違うことを理解させる。

効くツボ 3

腕や肩が痛くなったら、 走りながら腕を下ろして脱力する

走っている途中で腕や肩が重くなったり痛くなったりしたら、腕を振るのを一旦やめて、両腕を下ろしてブラブラし、肩から指先までを完全に脱力するとよい。力が抜けにくい場合は、一度グッと力を入れてから、パッと脱力するよう教える。辛くなったら、走りながら何度行ってもかまわない。

やってみよう

自分なりのリラックス法で

辛くなったときは、肩や首を回す、腕を左右反対に回す、背伸びや肩周りの柔軟体操をするなど、様々な対処法がある。よりよいペースで走れるように、子ども自身のやり方をマスターさせる。

できないときはここをチェック ☑

キツくなると、姿勢は崩れてくる。タイムよりも、力が入って手がグーになったり肩が上がったり、上半身全体が動いたりしていないかを見てあげる。

歩幅は小さく、ジャンプせずに カカトから着地して走る

> 💡 **コレが直る** 体に余計な負担をかけず、楽にリズムよく走れるようになる。

カカトから着地して体重移動をスムーズにし、楽に走る

走るときも、歩くときと同様に**カカトからつま先へと重心移動**をすれば、体に余計な負担をかけず、スタミナも浪費せずにすむ。結果、楽に長く走ることができる。

ピョンピョン跳ねるように走ったり、つま先で地面をはじくように蹴って走ったりする子どももいるが、長距離を走るときは、それではよくない。

おへその位置を高くして、**音をさせないで走る**ように指示し、カカトから着地できているかをチェックしてあげよう。

効くツボ
1. カカトから着地して走る
2. 歩幅は小さく、リズムよく
3. バタバタと音をさせない

効くツボ 1

体に負担がかかりにくい
カカト着地で走るよう教える

つ ま先で着地すると、上下運動が激しくなって
体に負担がかかるので、カカトから着地して
走るように教える。パパ・ママは、走っている子ど
もを横からチェックして、カカト着地ができている
かを確認してあげよう。ことばで説明してもわかり
づらいときは、お手本を見せて理解させる。

効くツボ 2

早歩きの延長で、小さめの
ストライドでリズムよく走る

ス トライドを大きくしようとすると体がブレて
しまうため、そうならないよう、無理のない
歩幅で足を運ぶことが必要だ。ふつうに歩いている
状態から徐々に速度を上げ、早歩きの延長で走り出
すと、リズムよく走れる。ピョンピョン跳ねないよ
うに注意する。

効くツボ 3

足の裏全体でバタバタ走って
いないか、目と耳で確認する

足 の裏全体で走ると、足が疲れるしヒザへの負
担も大きい。スタミナが切れるとそうなりや
すいので、普段から外で遊びながら走る習慣をつけ
させよう。へその位置を高くするイメージで走ると
よい。べた足になっていないかは、横から見てチェッ
クし、足音が大きくないかも確認する。

Let's やってみよう

どんな道でもカカト着地

平坦な道でカカトから着地して走れるようになっ
たら、たとえば坂道やカーブなど、いろいろな
道を走ってみよう。どんな道でもカカトから着
地して楽な走りができるように練習しておく。

できないときはここをチェック ☑

**ウォーキングをして、カカトからつま
先へ体重移動する感覚を確認すると、
走るときにもカカト着地ができやすく
なる。まずはゆっくり体感させる。**

10 ▶長く走る

筋弛緩法とイメージトレーニングで
リラックスする

> 💡 コレが
> 直る **マラソン大会本番に役立つ実践的な走り方をマスターできる。**

**体と心をリラックスさせ、
ペース配分を考えながら走る**

　一生懸命になるほど力が入りがちだが、実際は、力を抜いた方が、より力を出せる。

　子どもの能力を引き出すためには、**心身ともにリラックスさせる**ことが最も大切だ。本番でいきなり実践するのは無理なので、日ごろから体と心のリラックス法を知っておく。

　また、肝心の勝負どころでスタミナ切れにならないために、**コースに応じたペース配分**を知っておくことも、長距離走では非常に大切である。練習のときから意識させること。

効くツボ
1. 一旦力を入れて脱力させる
2. 楽しいことを考えさせる
3. 仮想コースでペース配分

効くツボ 1

グッと力を入れたあと一気に 脱力してリラックスさせる

肩や腕、おなかや足などに力が入り過ぎると、リラックスして走ることができない。が、「力を抜いて」といっても子どもにはわからないので、スタート前の準備体操や、走っている途中に、パパ・ママが肩に手を添え、すぼめるようにして力を入れさせたあと、パッと離して脱力させるとよい。

効くツボ 2

頭の中で好きな歌を歌いながら 走る習慣を身につけさせる

走っている最中は、たとえば好きな歌や音楽を思い出したり、楽しいことを考えたりするなど、頭の中でいいイメージを持つように教える。練習のときは、実際に音楽を聴きながら走らせるのもいいだろう。ふだんから、リラックスできる自分なりのイメージ作りの方法を知っておくとよい。

効くツボ 3

仮想マラソンコースを一緒に走り、 ペース配分を助言する

中間まではスピードをキープして徐々にエンジンをかけるなど、長距離走ではペース配分が大切だ。仮想のマラソンコースを一緒に走り、子どもの呼吸と体力を見ながら「3周目からスピードを上げよう」「あの木のところからスパートしよう」など、アドバイスして練習を重ねていくとよい。

やってみよう

自分でペース配分を考える

一緒に走りながらペース配分を考える練習を重ねたら、マラソン大会本番を想定して、自分で考えながらひとりで走らせてみる。パパ・ママはスタートゴールで待ち、あとで反省会をしよう。

できないときはここをチェック ☑

力が入って肩が痛くなったり息が上がったら、歩かせてもよい。ただし、そこで止めるのではなく、体をほぐして呼吸を整えたら再び走らせることが大事。

知っているとひとつトクをする

昔遊びが基礎体力のアップにつながる

外で、五感を使いながらいろいろな動作をして、
基礎体力を向上させ、脳を活性化させる。

RANKING

1 投げる強さを変えてボール遊び
壁にボールをぶつける強さによって、跳ね返る大きさや速度も変わる。それに反応して体を動かすことが、基礎体力の強化につながる。

2 瞬発力を使って鬼ごっこ遊び
誰もが一度は経験のある鬼ごっこ。鬼につかまるまいとダッシュして逃げることで、いつの間にか楽しみながら走る運動ができ、体力アップにも役立つ。

3 チームワークでドロケイ遊び
チームを組んで宝をどうやって取るか、守るかという共同作業をする中で、走って体力がつくだけでなく、頭も使って、考える力も身につく。

4 二本の竹に乗って竹馬遊び
二本の竹を上手に操るためには、まずバランス感覚が必要。体のバランス、軸を保ちながら前進する動きで、体全体のコントロールが効くようになる。

5 ジャングルジム遊びで全身運動
握る、支える、登る、踏ん張る、回る、柵の間をくぐるなどの動きで、体全体の感覚が磨かれる。また、高低差を見てジャンプできるかなど、判断力もつく。

Field 原っぱの噂

外遊びを通して体と心を充実させる

外に出ると、日光や風、気温の変化、樹木の緑、鳥のさえずり、車の通る音…いろいろな刺激を受ける。外遊びを通して五感を発達させることで、危険を察知して身を守れたり、常にリラックス状態を保って健康でいることができる。

また、子どもたちは遊びの中にいろいろな工夫を凝らす。公園の遊具でも、登ったりぶらさがったり、踏ん張るなどいろいろな動作をするし、新しい遊び方を考え出したりもする。

遊びの中で無意識に行う動作が、脳を活性化させる。脳細胞を創り上げている幼少期は特に、体力向上や心の充実度アップの効果が期待できる。ヤル気、積極性、自信、我慢といった大切なものを、外遊びから得ることができるのだ。

PART
2

なわ跳び、走り幅跳び、跳び箱 etc

跳ぶ力をのばす

つま先やヒザ、手の使い方、助走のやり方など、エネルギーを跳ぶ力に変える
方法を教え、今までもより高く、また遠くへ跳べるよう導く。

頭からつま先までを一直線にして、一定のリズムで跳ぶ

> 💡 **コレが直る** 前後左右にフラつかず、一定のリズムで安定して跳べるようになる。

まっすぐ上に、ヒザを曲げすぎずに軽くジャンプする

同じ場所で安定して連続ジャンプをするには、気をつけることが3つある。

上体が前後左右どちらへも傾かないよう**まっすぐに上体を保つこと**と**ヒザを曲げすぎず**に軽く跳ぶこと、顔を上げて**前方の一点を見ながら**跳ぶことだ。

また、背筋や腹筋など体の軸を支える筋力や脚力が足りないと、ジャンプする場所があちこちにバラつきやすい。日ごろからの簡単なトレーニングとともに、遊びながら筋力を養えるように導く。

効くツボ
1. **頭からつま先を一直線に**
2. **ヒザを曲げすぎず軽く跳ぶ**
3. **円の中で安定してジャンプ**

効くツボ 1

頭からつま先までを串刺しにしたようにまっすぐさせる

体が前後左右に曲がったりブレたりすると、フラフラしてなわにひっかかりやすくなることを説明して、頭からつま先までが1本の棒になったつもりで跳ぶように教える。パパ・ママは、前または後ろと横から見て、どこから見てもまっすぐになっているか、チェックしてあげる。

効くツボ 2

腰を持って、かがまずに跳ぶ軽いジャンプを体感させる

ヒザを深く曲げて跳ぶと、着地時間が長くなって連続ジャンプが難しいので、曲げすぎない。パパ・ママが子どもの腰を持って、正しいジャンプのときは持ち上げて軽さを実感させ、深く曲げたときは固定して重さを体感させて教えると理解させやすい。

効くツボ 3

地面に描いた円の中で、一点を見ながら連続ジャンプする

安定したジャンプができるように、地面に直径1mくらいの円を描き、その中で連続ジャンプをさせる。腹筋や背筋、脚力がないと円からはずれてあちこちへ行きがち。また、目線が下を向いているとどこを跳んでいるかわからなくなりやすいので、顔を上げて一点を見るように教える。

やってみよう
100回ジャンプに挑戦

円の中でジャンプできるようになったら、50回、100回など回数を指定して、安定してその場で連続ジャンプできるかチャレンジさせてみよう。円を小さくして挑戦させてもいいだろう。

できないときはここをチェック ☑

足が浮くか浮かないかの低いジャンプから、徐々に高く跳べるよう練習しよう。トランポリンを利用し、真ん中で跳べるよう遊びながら練習してもよい。

コツ No.12 ▶ なわ跳び

つま先で跳ね、二重跳びのタイミングをつかむ

> **💡コレが直る** 楽に高く連続してジャンプができ、二重跳びができるようになる。

つま先で軽く跳んでいる間に手を早く動かす練習をさせる

1回のジャンプの間になわを2回転させる二重跳びは、**つま先でバネを効かせて高くジャンプ**することと、**手を速く動かす**という2つの技術が必要となる。

タイミングがうまくつかめず、なわにひっかかったりすると恐怖心が芽生えてしまう可能性があるので、まずはなわを持たずに手と足のタイミングを合わせる練習をさせる。最初は手拍子、次は手首を回す、片手になわを持って回す…と段階を踏んで練習し、自信をつけさせながら徐々にレベルアップしていく。

効くツボ
1. つま先で音をさせずに跳ぶ
2. 跳んでいる間に拍手を2回
3. 連続ジャンプで実践練習

36

効くツボ 1

つま先を使って、足音を させないようにジャンプさせる

べた足で跳ぶと、頭の位置がきちんと上がらないし、疲れやすい。年齢が小さいほどつま先を上手に使えないので、「足音がしないように静かに跳んで」と指示するとできやすい。わざとべた足で何回か跳ばせ、その後につま先で跳ばせると、楽さが実感できる。

効くツボ 2

ジャンプしながら手を叩く 練習でタイミングをつかませる

1回ジャンプする間になわ跳びのなわを2回転させる二重跳び。そのタイミングをマスターさせるために、まずはなわは持たず、空中で2回手を叩く練習をさせて感覚をつかませる。パパ・ママは、子どもがジャンプのいちばん高いところで拍手を2回できているか、チェックする。

効くツボ 3

跳びたい回数だけ続けて空中で 拍手できるよう練習させる

より実践に近づけるよう、空中での拍手を連続してできるように練習させる。回数が増えると、徐々に拍手が速くなったり疲れて跳べなくなったりして、手と足が合わなくなってくるので、ゆっくりめのリズムで一緒に跳んであげるなどして、楽しく練習ができるように工夫する。

やってみよう

腰の横で手を回してみる

拍手2回の連続技にも余裕ができてきたら、なわを持っているつもりで手を回してみたり、拍手の回数を増やしたりして、チャレンジするのもよい。パパ・ママは、きちんとできているかチェックを。

できないときはここをチェック ☑

最初はゆっくりのペースで練習させて、徐々にペースアップさせる。疲れて跳べなくなったら、腰に手を添えて持ち上げ、その間に手を叩かせてもよい。

コツ No.13 ▶垂直跳び
頭のてっぺんをヒモで引っぱられるつもりで跳ぶ

> **コレが直る** ヒザのクッションを使い、短い着地時間で跳んで跳躍力をつける。

ヒザのクッションを使って高くジャンプする方法を教える

　跳躍力をつけるには、まずは体をまっすぐに保つことが大切だ。

　ジャンプしたときに体が反って、着地のとき体がくの字に折れるデコボコの動きをしていては、高く跳ぶことはできない。アゴが上がってしまうのも、ありがちだがよくない例。

　頭のてっぺんを上から引っぱられるイメージで、まっすぐ上にジャンプさせよう。

　反動をうまく利用することも大事な要素の1つ。ヒザを曲げすぎず、着地したらすぐにジャンプさせるとよい。

効くツボ
1. まっすぐ上に跳ぶ
2. ヒザをやわらかく使う
3. 着地したらすぐに跳ぶ

効くツボ 1

子どもの頭上に手をかざし、頭のてっぺんでタッチさせる

頭の 10 〜 20cm 上に手をかざし、ジャンプして頭でタッチさせてみよう。頭のてっぺんからヒモで引っぱられているイメージで、アゴを上げず、体をまっすぐにして跳ぶように教える。前跳びなら 10cm、二重跳びやはやぶさは 20cm くらいジャンプできれば、安定して跳べる。

効くツボ 2

ヒザのクッションを使い、着地した反動でジャンプさせる

ヒザを曲げすぎて完全に体重が下がりすぎてしまうと、それをまた上げるのは大変。逆に、突っ立った状態もよくないので、ヒザをやわらかく使って、反動を利用して跳ぶように教えよう。一度ジャンプして着地したところで止めて、ヒザが曲がりすぎていないかチェックするといい。

効くツボ 3

着地したらすぐに持ち上げて、跳躍する感覚をつかませる

跳躍力をアップさせるには、着地時間を少なくする必要がある。べた足にならず一瞬の着地ですぐにジャンプすることと、体をまっすぐに保った正しい姿勢で跳ぶことを教えるため、パパ・ママは子どもの腰を持って、着地したらすぐに持ち上げる動作を繰り返し、感覚をつかませる。

やってみよう

垂直跳びの記録を取ろう

垂直跳びの記録を取ってみよう。まっすぐ上に、できるだけ高く跳ぶように指示をして、何 cm 跳べたか計測してあげるとよい。指先にチョークの粉をつけて壁をタッチさせると計りやすい。

できないときはここをチェック ☑

体の軸が前後にブレては高く跳べない。体の前後に手をおいて、ぶつからないよう跳ばせよう。2 回小さく跳んで 3 回目に高く跳ばせる練習も効果的だ。

片足で踏み切り、
両手両足を前方に投げ出すように跳ぶ

コレが直る 踏み切り場所までの助走の勢いを生かし、遠くへ跳べるようになる。

片足で踏み切り、両モモを高く上げて跳ぶ練習をする

走り幅跳びの基本は本来、踏み切り線から逆算して助走のスタート位置を決めるが、最初は踏み切る場所だけ決めて、どちらの足を使うかは自然にまかせてかまわない。大切なのは、**片足で踏み切らせ**、その方が走ってきた勢いを殺さず前へ跳べるんだと体験的にわからせること。踏み切ったあとは、**両モモを高く上げ、両腕を前に伸ばし**て、体を前に運ぶよう教える。砂地など足もとが滑りやすい場所は避けて、安全な場所で練習させよう。

効くツボ
1. 片足で踏み切って跳ぶ
2. 両モモを胸に引きつける
3. 目標物の先を見ながら跳ぶ

効くツボ 1

踏み切る場所を決め、助走をつけて片足で踏み切らせる

走ってきた勢いを生かして前へ跳ぶには、片足で踏み切ることが有効。踏み切る場所だけを決めて、やりやすい足で踏み切りをさせる。どちらがいいかわからないときは、両方試させて、どちらがより力強く踏み切れているかをチェックし、本人にどちらがやりやすかったかきく。

効くツボ 2

両足の太モモを胸に引き付け、両腕を前方に伸ばして跳ぶ

踏み切ったあとは、両足を高く上げた姿勢で跳ぶ。両モモを胸に引きつけるように、ヒザを持ち上げさせよう。腕は、前へ進む勢いを殺さないように前方へ伸ばす。最初はパパ・ママがお手本を見せて、あまり遠くを目指さず、1mくらい先へ跳ぶつもりでチャレンジさせる。

効くツボ 3

タオルなど目標物を地面に置いて、その先を見ながら跳ぶ

ただ遠くへ跳べというよりも、目安があった方が跳びやすい。タオルなど、踏んでも安全なものを地面に置いて目標にさせよう。まず1度跳ばせて、着地点の1足分先にタオルを置く。目標物を見据えて跳ぶと、その手前に下りてきてしまうので、目線はすこし先におくように教える。

Let's やってみよう

記録を計測してみる

慣れてきたら、目標物を置く代わりに、できるだけ遠くへ跳ばせて、踏み切り位置から着地点までの距離を測ってみよう。正しい跳び方で姿勢を崩さずに記録を伸ばせるよう、練習させる。

できないときはここをチェック ☑

歩数が合わなくてうまく踏み切れないときは、5歩なら5歩と助走の歩数をあらかじめ決めて、踏み切り場所から逆算してスタートを決めるとよい。

コツ No.15 ▶ 立ち幅跳び

1、2の3のタイミングで、腕を前後に振りながら跳ぶ

コレが直る 腕振りと下半身のバネを生かして、助走なしでも遠くに跳べる。

余分な力を入れず、リラックスして腕を大きく振らせる

走り幅跳びは、助走の勢いを生かして前方へ体を運ぶが、立ち幅跳びでは**腕の振りと、ヒザから下のバネをうまく使って**、助走なしでも遠くへ跳ぶことができる。

大切なのは、余分な力を加えないこと。遠くへ跳ぼうと思うほど力が入りがちだが、腕を振るときには力を抜くことで、力がためられることを教えよう。

踏み切ったあとは足を高く上げるのだが、手を思い切り振り上げれば、両モモも一緒に上がることをアドバイスする。

効くツボ
1. 足を肩幅に開きつま先立ち
2. リラックスして両腕を振る
3. 鳥のポーズから蹴り出す

効くツボ 1

両足を肩幅に開いて立ち、カカトを上げて前傾姿勢を取る

まずは、その場から遠くへ跳ぶための体勢を整える。両足を平行に、肩幅くらいに開いて立つことが第一段階。安定した立ち姿勢が作れたら、カカトを上げて軽くヒザを曲げ、前傾姿勢を取るように手伝ってあげよう。つま先立ちにすることで、うまく地面を蹴る準備ができる。

効くツボ 2

腕を前後に大きく振って、ジャンプするタイミングを取る

両腕を前後に振って、跳ぶためのタイミングを取る。リラックスして余分な力を加えず、肩の高さくらいまで振るのがポイント。「1、2の3」で跳ぶが、「いーち、にーの」とゆっくり声をかけてサポートしてあげるとよい。「い」と「に」で手が前、「ち」と「の」で後ろにあるように。

効くツボ 3

鳥のポーズから腕を前に振り上げ、ヒザを高く持ち上げる

その場から遠くへ跳ぶには、「1、2の3」の「の」がとても重要だ。ここでは両腕を後ろに引き、重心をやや低くして「鳥のポーズ」を取る。足の親指でしっかり踏ん張って、「3」で蹴り出し、同時に両腕を前に大きく振り上げながら両ヒザを高く持ち上げるのが、遠くへ跳ぶコツだ。

やってみよう

目標を設定して挑戦させる

まずは1度跳んでみて、着地したところに目印となるものを置き、それを越えることにチャレンジさせるとよい。目標設定をすると、何もない状態で練習するよりも、遠くへ跳びやすくなる。

できないときはここをチェック ☑

手と足がバラバラになってしまう場合は、両手を垂らして前に振りながら、ピョンピョンと両足で軽く跳んで少しずつ前へ移動する練習をするとよい。

中腰のまま頭の位置を変えず横へ体重移動する

💡 **コレが直る** 腰を低くした状態でリズミカルに反復横跳びができるようになる。

外側の足を引きつけてから もう一方の足を反対側へ動かす

反復横跳びは、地面に引いた3本の線を左右に素早く移動しながら踏み越える運動。上手にできるように、リズミカルに横方向へ跳ぶ練習をさせよう。

外の足を引きつけ、内側にある足にぶつかったら、その足を反対側へ動かすのがコツだ。ヒザを曲げて中腰で構え、腰と頭の高さは変えないまま、足だけを動かすつもりで左右に体重移動をする。上体が外に流れないように、**頭を中央に固定**したイメージで、**上体がすこし内に傾くくらい**で練習をさせよう。

効くツボ
1. 中腰の姿勢で体重移動する
2. 上体が外に流れないように
3. 腰と頭の位置を変えない

効くツボ 1

反復横跳びの要領でリズミカルに横方向へ跳ぶ練習をする

中腰の姿勢で、横に体重移動しながらリズミカルにステップする練習をさせる。ピョンピョン跳び上がるのではなく、外側の足を引きつけてから、もう片方の足を内から外へ出すことがポイント。手はリラックスして、ややヒジを曲げる程度で体の前に置く。

効くツボ 2

両サイドの線を跳ぶときに上体はすこし内側に傾ける

上体が外に傾くと、重心も外へ寄ってしまい、無駄なエネルギーを使うし、素早い動きができなくなる。体の軸を安定させるよう指導しよう。上体は、すこし内側へ傾けるくらいでちょうどいい。腰の位置の移動は最小限で、足だけが動くようなイメージで。

効くツボ 3

高く跳ばず、頭と腰の位置を変えないように注意させる

頭と腰の位置は変えず、足だけが動くようにさせる。横への大きな移動だけでなく、上下動もなくさなければいけない。モモやふくらぎの筋力がないと、伸び上がりたくなるが、腰を低くした状態で横移動できるように、頭の上に手をかざして、ぶつからないように注意させよう。

やってみよう

1分で何回できるか数える

横跳びができるようになったら、30秒、あるいは1分など時間を計り、その間に何回できるか数えてみるとよい。パパ・ママも挑戦して、どちらがより多くできるか、子どもと競争してみよう。

できないときはここをチェック ☑

外側の足をもう片方に寄せ、タッチしたらその足を反対側へ動かして、足運びの練習だけをさせる。親が前に立ち、鏡の要領でマネさせるとよい。

高い位置から力強く
跳び箱に手をつき、肩を前に出す

💡 コレが
直る　**肩を前に出すことで体重移動がうまくできて、跳び箱を跳べる。**

**頭上から強く手を着き、
その勢いを活かして体重移動する**

　跳び箱を跳べない子は、手だけが前に出て、体重移動がうまくできていないことが多い。クリアするには、**高い位置から力強く手を下ろしてつき**、その勢いで肩を前に出して、**肩を支点に体重を前方へ移動**させることだ。

　家では、床にうつ伏せになって腕と肩で体を引きずりながら運ぶ「アザラシ運動」をさせたり、パパ・ママがかがんで跳び箱の代わりになって、馬跳びの練習をさせたりするとよい。ケガをしないように、障害物には気をつけて練習をしよう。

効くツボ

1. **高いところから手をつく**
2. **音が出るほど強く手をつく**
3. **アザラシ運動で体重移動**

効くツボ 1

頭上から手を下ろし、跳び箱の前方3分の1の位置につく

跳び箱の前方3分の1くらいの位置にテープなどで目印をつけて、手をつく位置を教えてあげる。頭上まで手を上げるとヒジが伸びるし、上から手をつくことで勢いがついて肩が上がり、踏ん張りがきく。パパ・ママは子どもの手を持って、頭の上から下ろして目印に置いてあげる。

効くツボ 2

肩が前に出るように、音がするくらい力強く手をつく

手は、「パン！」と音がするくらい力強くつくことが大事。勢いよく手をついて肩が前に出れば、体重移動ができるので上手に跳べるはずだが、手だけを前に出している状態では、ブレーキがかかってしまって跳べないからだ。パパ・ママは、肩がきちんと出ているかを見てあげよう。

効くツボ 3

アザラシ運動で体重移動の練習と筋力アップをさせる

うつ伏せになり、両手と両肩だけを動かして前に進む、「アザラシ運動」で、肩を前に出せば体重移動ができることを理解させる。片手ずつ順番に出して前に進むこと。パパ・ママも一緒に行い、遊び感覚で練習すれば、体を支える腕と肩の筋力トレーニングとしても効果的だ。

やってみよう

両手でアザラシ運動

アザラシ運動で、片手ずつ順番に出して前に進むことができるようになったら、両手を同時に前に出し、一気に引きつける練習をさせよう。より跳び箱を跳ぶ動作に近いので役に立つだろう。

できないときはここをチェック ☑

アザラシ運動ができない子どもは、肩を前に出して体重を移動させる感覚がつかめるまで、パパ・ママがお腹と背中を支えてサポートしてあげるといい。

ワキを締め、ヒジを伸ばして体を支え、お尻を高く上げる

💡コレが直る しっかり体を支え、お尻を高く上げることでうまく体重移動できる。

ワキとヒジを固めて上半身を安定させ、前へ体重を移動する

　跳び箱は、ただジャンプして物を跳び越えるのではなく、**手をついて体を前へ運んでやる**ことが１つの特徴だ。

　ロイター板を踏み切って手をついた瞬間、体を支える土台は、下半身から上半身へ移動する。ヒジをしっかり伸ばし、ワキを締めて踏ん張って、体の軸がブレないようにする。

　ロイター板を蹴る足の役割は、蹴った勢いでお尻を高く持ち上げること。肩より高く上がれば、自然と体重は前にかかり、体が運ばれていくはずだ。

効くツボ
1. ヒジを伸ばしてワキを締める
2. お尻を高く上げる
3. 障害物を跳び越える練習

効くツボ 1

ヒジを完全に伸ばし、ワキを締めて跳び箱に手をつかせる

跳び箱を跳ぶときには、ヒジをしっかり伸ばしてワキを締めないと、体を支えるだけの力が出せない。肩幅くらいに開いて平行に手をつき、ヒジが外を向かないように気をつける。きちんとできているかパパ・ママが見てあげてもいいが、ハンカチをワキに挟んで落とさない方法でもよい。

効くツボ 2

足をまっすぐ伸ばしたまま、お尻を高く上げるように跳ぶ

イター板で踏み切ったらお尻を高く上げると、上手に跳べる。跳び箱に見立てた椅子などに手をつかせ、地面を蹴ってジャンプする練習をさせる。パパ・ママは、お尻の20～30cm上に手をかざし、お尻タッチをさせる。ヒザが曲がらず、足が伸びたまま10回くらい続けられればOK。

効くツボ 3

障害物を置き、より高さを出して跳び越すよう意識させる

跳び箱の手前部分にタオルや帽子などを置いて、それを跳び越すように意識させると、より高くお尻を上げられるようになり、前に体重がかかることを実感できる。ぶつかったり落としたりしても危なくないように、柔らかくて、ある程度の高さが出るものを置いて、練習させよう。

やってみよう

1、2、3で開脚して練習

連続してお尻タッチをさせ、「1、2、3」の3のときに、実際に跳び箱を跳ぶときのようにパッと両足を開かせてみる。足を開いても腰の位置が低くならないよう、またバランスを崩さないように見てあげよう。

できないときはここをチェック ☑

お尻を上げられないときは、パパ・ママが子どもの腰を持ってサポートを。お尻が肩より高い位置になるまで持ち上げ、感覚をつかませてあげる。

両足を揃えて踏み切り、ロイター板のはずみで高く跳ぶ

コレが直る 正しい場所に上から着地し、グーで蹴ってロイター板を活用できる。

グーで力強く踏み切り、反動を活かして高くジャンプする

体育の授業では、跳び箱の前には必ずロイター板を置く。反動を利用して跳びやすくするためのものだが、うまく活用できていないケースは非常に多い。

正しい場所で踏み切ることと、両足を揃えて着地して蹴ること、そのときに**高い位置から着地して反動をより大きく**することが、ロイター板を使うポイントだ。

家では、床のすべらない場所にテープでロイター板の形を作って、パパ・ママがお手本を見せながらグージャンプの練習をさせる。

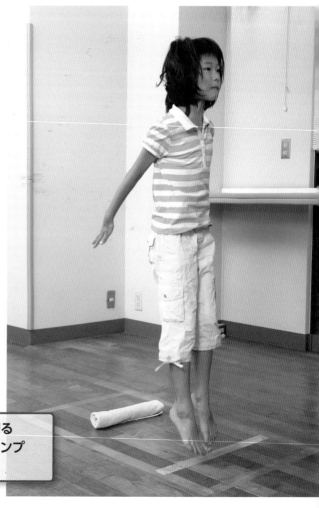

効くツボ
1. グージャンプで踏み切る
2. ロイター板の先でジャンプ
3. 上から着地して蹴る

効くツボ 1

両足を揃えたグージャンプで
ロイター板をキックさせる

ロイター板を踏み切るときは、足ジャンケンの
ときのグーと同じように、両足を揃えてジャ
ンプする。助走をしてきたあと、両足を揃えてロイ
ター板に着地できるよう練習させよう。まずはパパ・
ママがお手本を見せ、左右の足が前後にズレたり、
開いたりしていないか、チェックしてあげる。

効くツボ 2

一番はずむ、ロイター板の先を
使ってグージャンプする

ロイター板には、バネが利いてはずみやすい
場所とそうでない場所がある。うまく活用
するには、最もはずむ場所でジャンプするのがよ
い。跳び箱の前方に手をつきやすくするためにも、
ロイター板の先を使うのがベストだ。テープを貼っ
て、グー着地する場所をわかりやすくしてあげる。

効くツボ 3

高い位置から着地して踏み切り、
はずみを最大限に活かす

ロイター板のはずみを最大限に活用するには、
高い位置から着地して反動を大きくしてやる
とよい。両足を揃えて上から着地するようアドバイ
スすると同時に、踏み切る場所の手前にタオルなど
柔らかいものを置いて、それを跳び越えてから着地
するようにさせると、自然とできるはずだ。

🏃 やってみよう

助走をつけて高く跳ぶ

助走は前へ行く力で、それを上に行く力に変え
るのがロイター板の役割だ。活用できるように、
助走して高く跳ぶ練習をしてみてもいいだろ
う。どれくらい高く跳べるか、挑戦してみよう。

できないときはここをチェック ☑

ケンケンからグーにする練習をし、で
きたら次はケンケンからグーにしてジ
ャンプ、その次はゆっくり走ってきて
跳ぶ…と、段階を踏んで練習させる。

両足を揃えて着地したら、
その姿勢のまま3秒静止する

> 💡 **コレが直る** 体をしっかり前に運んで跳び、美しいフィニッシュが決められる。

ヒザのクッション、足裏と手のバランスを使って着地する

跳び箱を跳ぶ、というと、体が跳び箱の上を通り過ぎた時点で成功！ と思いがちだが、じつはそのあとの**着地も非常に大切**だ。

踏み切り時と同じように、着地も両足を揃えてグーで行う。そのとき、ヒザは軽く曲げて前や下へ行こうとする力を逃がし、足の裏と10本の指で踏ん張りつつ両手を前に伸ばしてバランスを取る。

そのままの姿勢で3秒程度はじっと止まっていられるのが理想的。助走の前に、そこまでの流れをイメージしておくとよい。

効くツボ
1. 手でしっかり跳び箱を押す
2. 足を揃えてグーで着地する
3. ヒザと足裏と手でバランス

効くツボ 1

体を完全に前へ運ぶため、手の平全体で跳び箱を押す

跳び箱にひっかかることなく前に着地できるように、手でしっかり跳び箱を押すことを教えよう。後ろから見たときに、手の平が見えていれば、きちんと押せている証拠。パパ・ママは子どもの後ろに立ち、手の平が開いて、真後ろを向いているかをチェックしてあげるといいだろう。

効くツボ 2

足はグーで着地し、両手を前に伸ばしてバランスを取る

最後も、両足を揃えてグーで着地するのが安全。跳び箱に座った状態から、自分でも手で跳び箱を押させ、親が子どもの体を前へ運ぶサポートをしながら、着地だけを練習させる。足がグーになっているかチェックするのとあわせて、両手を前に出してバランスを取ることも教える。

効くツボ 3

ヒザを軽く曲げ、足の裏と手でバランスを取って着地する

着地するときは、ヒザを軽く曲げて力を逃がすとともに、足の裏全体と指で踏ん張り、両手は前に伸ばしてバランスを取ることが大事。着地でピタッと止まることは子どもには難しいが、前や横に足を出してしまわないように練習させよう。最初は腰を持ってサポートしてあげてもよい。

☞やってみよう

高さを変えても正しい着地

しっかり体を前に運んで着地し、正しい姿勢のまま止まっていられるようになったら、跳び箱の台や馬跳びの馬を少しずつ高くして、高さが変わってもきちんと着地できるよう練習させよう。

できないときはここをチェック ☑

着地で足がチョキになったり歩いたりしてしまう子は、実際に跳ぶ前に、助走から着地して3秒くらい静止しているところまでを頭でイメージさせる。

知っているとひとつトクをする

健康であり続けるために肥満を防ぐ

**食べた分を脂肪として蓄積しすぎて肥満にならないように、
パパ・ママも適度に定期的な運動を心がけよう。**

RANKING

1 マイペースでジョギング

脂肪が燃焼し始めるまでに20分かかるといわれているので、30分以上は続ける。ケガをしたり運動嫌いにならないように、ゆっくり楽しみながら走ろう。

2 ウォーキング＆ハイキング

30〜60分、1日5000歩くらい歩いて、摂りすぎたエネルギーを消費しよう。休日など、時間や気持ちに余裕があるときは2〜3時間ハイキングをするとよい。

3 ゆっくりスイミング

スピードは必要ない。ゆっくり長く泳ぐと、それだけ酸素を取り込んで脂肪燃焼につながるので、30分以上じっくり泳ごう。

4 様々なコースでサイクリング

ジョギングなどと同じ有酸素運動だが、自転車を使う分、ヒザに負担が少ない。30〜60分、ペースを守って行おう。坂道など、負荷のかかる所も効果的だ。

5 リズムに乗ってエアロビクス

基礎体力、意思、リズム感が養われる。30〜45分、リズムに従って、インストラクターのお手本に合わせながら自分のペースで基本的な動きをしよう。

Field 原っぱの噂

我慢せずに生活改善し、肥満を防ぐ

「健康第一」とはよくいう。突発的な病はどうすることもできないが、日頃から摂生することは可能である。

肥満を防ぐことも、そのひとつ。

肥満になるということは、摂取する量と消費する量のバランスが悪いということ。先天的な体質もあるが、定期的に適度な運動ができれば、過度な肥満にはなりにくい。

ダイエットのために好きなものを我慢するのは逆効果。我慢がストレスに変わり、それを解消するために間食をして…という悪いサイクルになってしまう可能性がある。栄養の偏りのない範囲で体が欲しがっているものを食べて、その分しっかりと運動して汗を流せばいいのだ。

ドッジボール、野球

投げる力をのばす

左右の足に重心を移動し、ためたエネルギーをボールに伝える方法を教える。
速いボールを投げたり、遠くへ投げられるようにもなる。

親指を曲げてボールを持ち、今より５ｍ飛距離を延ばす

💡 **コレが直る** 正しい持ち方を覚えてボールを投げ、今までより遠くへ飛ばす。

4本の指を正しい場所に置いて、ボールを遠くへ投げる

ボールを遠くまで投げるには、持ち方が非常に重要だ。手の平にしっかり握ることができる野球のボールなら、なおさらのこと。**小指以外の4本の指には、それぞれ決まった場所と役割があること**を教える。

1つめのポイントは、人差し指と中指の第一関節をボールの縫い目にかけて持つこと。

もう1つは、親指を曲げて第一関節を縫い目に合わせることだ。そうすることでボールにスピンがかかって、より速い球を遠くへなげることができる。

効くツボ
1. 小指以外の4本指で持つ
2. 第一関節を縫い目にかける
3. 親指を曲げてロックする

※ 写真では、わかりやすく硬式ボールを使用していますが、子どもにはやわらかいゴムボールの使用をおすすめします。

効くツボ 1

小指以外の4本の指を決まった位置に置いてボールを持つ

野 球ボール（※）は、小指以外の4本の指で持つ。親指はボールの下、人差し指と中指は縫い目の上に置いて、薬指でボールを支える。まずはパパ・ママがお手本を見せ、それぞれの指の位置を教えよう。手が小さい子どもには難しいので、最初は手を取ってサポートしてあげるといい。

効くツボ 2

人差し指と中指の第一関節が縫い目にかかるように持つ

4 本指の中でもとくに重要なのが、人差し指と中指。第一関節を縫い目にかけて持つことが大切だ。中指の方が長いので、ひょうたん型になった縫い目の、膨らんでいる部分に合わせて持つとよい。正しく持てているかチェックして、できていなければ手を取って直してあげる。

効くツボ 3

親指は第一関節を曲げ、縫い目にかけてロックして投げる

親 指を曲げてロックして、第一関節を縫い目にかけると、ボールを投げたときにスピンがかかり、スピードも飛距離もアップする。指を伸ばしたまま持ってしまう子どもが多いので、第一関節をロックするだけで、今までより5mくらい遠くへ投げられることを教えてあげよう。

やってみよう
持ち方を変えて違いを実感

自分なりの「いつもの」持ち方と、正しい持ち方の両方で投げてみて、違いを実感させる練習をしてみよう。パパ・ママが説明しながらお手本を見せ、子どもに違いを観察させるのもいいだろう。

できないときはここをチェック ☑

5本指全部を使ってわしづかみするように握ってしまうと、ボールに力を伝えることができず、回転もかからないことを説明して理解させる。

コツ No.22 ▶大きいボールを投げる
投げる方向を目と手で
確認することで投球が安定する

💡 **コレが 直る** 目と左手を活用して、まっすぐに遠くへボールが投げられる。

**投げる方向を目で確認し、
腕を伸ばして角度を確認する**

　自分が投げたい方向へまっすぐボールを飛ばすには、実際に投げる前に欠かせない準備がある。

　まずは、これからボールを**投げる方向を目で見て**、そちらへボールが飛んでいくイメージを頭の中に描く。

　次に、ボールを持っていない方の手を、いちばん遠くまで飛びやすい斜め45度に伸ばして、**投げる角度を確認**する。

　投げるたびに必ずこの動作をする習慣をつけさせ、考えなくても自然とできるように、身につけさせる。

効くツボ
1. 投げる方向を目で確認
2. 斜め45度に手を伸ばす
3. 目標物を置いて届かせる

効くツボ 1

これから投げる方向を
目で見て確認してから投げる

まっすぐ投げさせることは、意外と難しい。ボールが大きいと手の平からこぼれて横へ行ってしまいやすく、小さいと放すのが遅れて、左や後ろへ行ってしまうことがある。そうならないよう、投げる方向を目で見て確認するように教えよう。透明なラインを描くイメージをさせるとよい。

効くツボ 2

ボールを持たない手を 45 度に
上げて投げる角度を確認する

一番ボールが飛ぶ、斜め 45 度の角度で投げられるように、ボールを持っていない方の手を 45 度の方向へまっすぐ伸ばして確認させる。ボールの軌道は高すぎても低すぎても遠くへは飛ばせないので、パパ・ママが子どもの手を持ってサポートし、45 度の角度を覚えさせてあげる。

効くツボ 3

到達目標地点に目印を置き、
届かせることを意識させる

より遠くに投げられるように、ボールの到達目標地点を設定して、そこへ投げようという意識を持たせる。楽に投げられる地点より先を目標にすれば、届いたときに「できた！」と達成感を得ることができるだろう。目標地点には、パパ・ママが立ってもいいし、タオルなどを置いてもいい。

Let's やってみよう
10 回中何回届くかに挑戦

ボールを到達させる目標点を決めて、10 回投げて、目標を何回超えられるかチャレンジしてみよう。10 回中 7 〜 8 回超えられたら、クリア。すこし目標を遠くして、クリアを目指そう。

できないときはここをチェック ☑
ボールを放すポイントが違うとまっすぐ投げられないし、遠くへ飛ばそうとすると高く投げすぎる傾向があるので、そうならないよう注意する。

コツ No.23 ▶大きいボールを投げる
顔だけを正面に向けて、体をひねって投げる準備をする

💡コレが直る 体のひねりを使ってボールを速く、遠くまで投げられるようになる。

顔と体を90度ひねって立ち、顔だけを投げる方へ向ける

半身に構え、上半身をひねりながら投げることで、より大きな力をボールに伝えられる。ただし、投げるときには、これからボールが向かうべき方をしっかり見ていなければいけないため、顔だけは90度回して正面方向に向ける。

また、せっかく半身に構えても、体をひねるときに軸がブレてしまってはうまく力を伝えられないので、そうならないように注意が必要だ。軸とはどういうものなのか、なぜブレてはいけないのかを説明し、理解させる。

効くツボ
1. 体は横、顔は正面に向ける
2. 体ごと正面を向かない
3. 体の軸を理解させる

効くツボ 1

投げる方向に対して、体は横、顔だけを正面に向けて立つ

足もとに線を引き、体は線に垂直、つま先は線と平行になるように立たせる。ボールを投げる方向に対して、体を横に向けることで、ひねりを使って投げることができる。顔は、ボールが行く方向を肩越しに見る。パパ・ママは、手を添えて体と顔の向きを教えよう。

効くツボ 2

飛距離もスピードも出ないので体を正面に向けて投げない

顔だけでなく、体全体が正面を向いた状態からでは、ひねりが使えないため手投げになってしまう。それでは遠くまでボールを飛ばすこともできないし、スピードも出せないので、よくない。そのことをわからせるために、実験的にあえて正面を向いたまま投げさせてみるのもいいだろう。

効くツボ 3

頭から足の先までが一直線になっている状態を理解させる

投球時には、半身の状態から体をひねり、後ろから前へ体重移動を行う。そのときに体の軸がブレてしまってはボールのコントロールも乱れてしまうので、体の中心線を意識することを教えておく。体が右にも左にも傾かず、頭から足先までが一直線の状態を確認させ、理解させる。

⚡やってみよう
軸の意味と効果を理解する

ボール投げやゴルフのパッティングは上下、鉄棒は左右、側転は前後の軸を中心に、体を回転させたりひねったりする。軸とは何かを説明し、ブレると力を発揮できないことを理解させよう。

できないときはここをチェック ☑

すべてを一度に行うことが難しければ、まずは体を横にすることだけ、次は顔を横に向けることだけ、と1つずつの動きを分解してやらせてみる。

ボールを持つ手を下から上に
移動して自然にためを作る

> 💡 **コレが直る** 体重をかけて「ため」を十分に作り、ためた力をボールに伝えられる。

**後ろ側の足に体重を乗せてから
投球動作をスタートさせる**

　大人であれば誰もが当たり前に行っていることでも、子どもはできていない、ということはたくさんある。ボールを投げるときの「ため」もその１つ。

　投げる方とは逆側に重心を寄せて、十分に引きつけてから投げることで、ボールに力を伝え、より速く、遠くへ飛ばせるようになる。それが「ため」だ。体に沿うように下から上へボールを移動させると、自然と利き手側の足に重心が移る。うまく体重移動できているかを確認しながら教える。

効くツボ	
1.	ボールを下から上へ
2.	利き手側の足に重心
3.	足の指に力を入れる

効くツボ 1

ボールを下から上へと移動させ、投げる前の「ため」を作る

通常、ボールを投げるときは右足に重心を乗せて、下から上にボールを持ち上げる動作をするものだが、慣れていない子どもには、まず「ボールは下から上」と声をかけながら、手を添えてサポートしてあげよう。その動作をすると、自然と右足に体重が乗って、投球前の「ため」ができる。

効くツボ 2

利き手側のヒザを軽く曲げて体重をかけ、力をためる

右投げの場合、右ヒザを軽く曲げて体重をかけ、「ため」を作る。あまり曲げすぎるのはよくないが、右ヒザと股関節部分がキツく感じるくらいでちょうどいい。ためた力が最後にはボールに伝わることを説明するとともに、自分の右足に触れさせて、体重がかかっている状態を確認させる。

効くツボ 3

体重を乗せた足の指をグーにして、倒れないよう踏ん張る

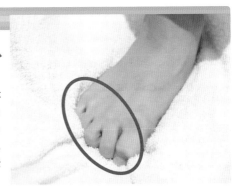

片方の足に体重をかけてもグラグラせずに体を支えられるよう、足裏と5本の指を使って踏ん張らせよう。パパ・ママは、手でグーを作って見せながら、足の指をグーにするように教える。家で裸足のとき一緒にやってみて、足の指に力を入れる感覚を覚えさせるといいだろう。

やってみよう

指でタオルをたぐり寄せる

タオルの端に裸足の足を載せ、指でたぐり寄せてみよう。きちんと指が使えているか確認できるし、トレーニングにもなる。パパ・ママも横に並んで競争すると、楽しみながら練習できる。

できないときはここをチェック ☑

最初から肩の上でボールを構えて投げる子どもは多いが、前重心になって手投げになるため、ボールが飛ばないしスピードも出ない。直してあげよう。

コツ No.25 ▶大きいボールを投げる

ヒジを肩より高く上げ、
先に出してボールに力を伝える

足から順番に送られてきたエネルギーをボールに伝える

体重を乗せた利き手側の足から、ためたエネルギーを徐々に上へと移動させて最終的にはボールに伝える。それがボールにスピードをつけたり遠くへ飛ばすことになり、逆にいえば、そのためにエネルギーをためる準備が必要となる。

順番に伝わってきたエネルギーをしっかりボールに伝えて送り出すためには、**ヒジを肩より高く上げながらテイクバックし、ヒジから先に前へ出す**必要がある。動作を分解し、正しいヒジの位置を確認させてあげる。

効くツボ
1. 力が伝わる順番を教える
2. 肩より高くヒジを上げる
3. ヒジから先に前へ出す

ドッジボール、野球

効くツボ 1

手で順番に触れながら
エネルギーの伝わり方を教える

エネルギーは下から上へと伝わってくる。ス
ポーツ選手が走り込みをするのは、下半身
の使い方がいかに重要かを知っているから。子ど
もにも、エネルギーを無駄なく利用できるように、
足→腰→上半身→肩→ヒジ→手首→指先と順番に
触れながら、力の伝わり方を教えてあげる。

効くツボ 2

ボールを後ろに引くときは、
肩より高くヒジを上げる

肩のラインより上にヒジを上げると、腕をムチ
のように使えてしなやかに投げられる。子ど
ものヒジを持ち上げるようにサポートしながら、練
習させよう。ヒジの位置が下がっていると、ボール
の飛距離もスピードも出ない。飛距離やスピードが
足りないときは、ヒジの高さを確認するとよい。

効くツボ 3

ヒジから先に前へ出して、
エネルギーを順番に伝える

一度後ろに引いたボールを前へ運ぶときには、
ヒジから先に出していく。そうすることに
よって、効くツボ1で説明した通り、肩→ヒジ→手
首→指先の順番にエネルギーを伝えることができる
からだ。感覚をつかませるために、最初はパパ・マ
マが手を添えて正しい形をサポートしてあげる。

やってみよう
尻ポケットのタオルで練習

体に沿ってボールを上げていく動作は、ヒジを
肩より高く上げるためには有効だ。ボールがな
いときは、ズボンの尻ポケットにタオルを入れ、
抜いて投げる動作を練習する方法もある。

できないときはここをチェック ☑
疲れたり体が重かったりするとヒジが下
がって、距離もスピードも出なくなる。
そういうときこそ、いつも以上にヒジを
高く上げることをイメージさせる。

左足のつま先とヒザを正面に向けて、まっすぐ踏み込む

！ コレが直る 力を逃がさずボールに伝えて、まっすぐ投げられるようになる。

**つま先を投げる方へ向けて
踏み込み、ボールに力を伝える**

半身の状態から体をひねって投げるわけだが、必要以上に横方向へ回転して体の外の方へエネルギーが逃げてしまうと、ボールに伝わる力は減ってしまう。そうならないために、**前にある足をボールを投げる方向に対してまっすぐに踏み出し、ヒザも腰も開かないように気をつける**。慣れれば自然とできる動作だが、意外とできていないケースが多い。つま先とヒザの向きをあわせて、**足の指でしっかり踏ん張れているか**もチェックしよう。

効くツボ
1. つま先を正面に向ける
2. 左足の内側を意識する
3. 足の5本指で踏ん張る

効くツボ 1

左足のつま先を、ボールを投げる方へ向けて踏み出す

右投げの場合は、左足を1歩踏み込んで投げるが、そのとき左足のつま先は、これからボールが進んでいくべき方向を指していなければならない。そうすることでボールもそちらへ行きやすくなるし、上半身が窮屈にならずに投げられる。まずは、正しいつま先の向きを教えよう。

効くツボ 2

つま先やヒザを外へ向けずに、左足の内側を意識する

踏み込むときは、左足の内側を意識して、つま先やヒザが外へ開かないように注意させる。開いてしまうと足の外側に体重がかかって、エネルギーも逃げてしまう。開く方が楽なのだが、キツくても、正しく美しい姿勢の方がボールにうまく力を伝えられる。

効くツボ 3

足の5本指に力を入れ、グーの形にして踏ん張る

ヒザや腰が開かないためには、足の指に力を入れて踏ん張ることが大切だ。慣れれば意識しなくてもできるようになるが、最初は足の指をグーにして、しっかり地面をとらえるように意識させる。靴を履いているとわかりづらいので、パパ・ママは手で触れて確認してあげよう。

やってみよう

1本足フィニッシュで確認

ボールを投げ終わったあと、1本足のまま立っていられるかどうかチェックしてみよう。ヒザや腰が外に開いていると、バランスを保てずに足をついてしまうので、バロメーターになる。

できないときはここをチェック ☑

つま先やヒザが開いてしまうときは、踏み込む場所に印をつけておくとよい。あるいは、少し内へ向けるくらいに意識させると、ちょうどいい。

▶小さいボールを投げる

ボールを持たない側の手を胸に当て、壁を作って投げる

> 💡 **コレが直る** ボールを持っていない手を有効に使って、力を伝わりやすくする。

左腕で壁を作って、エネルギーを外へ逃がさずに投げる

　日常生活の中でも、投げるという動作をするとき、ものを持っていない側の手がどうなっているか、意識しないでいるほうが多いだろう。

　しかし、力強く遠くまで投げているときは、**投げていない方の腕は折りたたまれて、上半身に引きつけられ**ているはずだ。

　そうすることで横や後ろへエネルギーが流れるのを防ぎ、前へ進む力として伝えられているから、「ワキ役」の手の役割を子どもにも教えて、活用させる。

効くツボ
1. 左手を胸に当てて壁を作る
2. 左腕はダラリと下げない
3. ヒジは体につける

効くツボ 1

左ワキを閉めて、左手を胸に当てて壁を作りながら投げる

ボールを持っていない方の手にも、大切な役割がある。ワキを締めて胸に引きつけ、壁を作るのだ。右投げの場合、左腕で胸を押さえると、力を逃がさず、右手にうまく伝えることができる。パパ・ママは、手を添えて左腕を正しい位置に導きながら、そうする意味を説明する。

効くツボ 2

左腕が垂れ下がったり後ろに流れたりしないように気をつける

左腕がダラリと下がったり、後ろに流れてしまったりすると、左足やヒザの場合と同じように、力が逃げてしまう。胸に引きつけて押さえる動作は、慣れるまでは難しいかもしれないが、マスターすればボールの飛びが変わる。右だけでなく、左腕の使い方も最後までしっかり意識させる。

効くツボ 3

力が外へ逃げないよう、ヒジは開かず体につけておく

エネルギーが外へ流れるのを食い止めるのが左腕の役割。ヒジはしっかりと体につけておかなくてはいけない。重いものを持ち上げるときと同じで、ヒジを開いていては力が入らない。ワキをピタリと締めていられるように、パパ・ママが軽く手で押さえてあげるよう。

やってみよう

写真やビデオでチェック

やはりどうしても、意識は投げる方ばかりに行きがち。ときどきは、写真やビデオに撮ったり、鏡などを見たりしながら、左手がきちんと使えているかをセルフチェックさせてみるといいだろう。

できないときはここをチェック ☑

ヒジが開いてしまうときは、肩が壁につくくらいの場所に立ち、ヒジが壁にぶつからないよう形を意識しながらシャドーピッチングをさせるとよい。

コツ No.28 ▶小さいボールを投げる

ボールが手を離れる瞬間に力を入れ、直後に脱力する

💡 **コレが直る** 人差し指と中指からボールにしっかり力を伝え、腕を振り切れる。

2本指でボールを送り出したら腕は脱力してサイドへ流す

　踏み込んだ足から順を追って伝わってきたエネルギーが、ついに指先へ到達してボールを送り出す瞬間。人差し指と中指に**擦れる感触があるくらい、しっかりボールを押す**ことが必要だ。しかし、指先を離れた瞬間に腕の力は抜け、惰性で体の逆サイドへダラリと流れていくのが正解。投げ終わったあとも腕に力みが残っているようでは、きちんとボールにエネルギーを伝え切れていない。**力の入れどころと抜きどころの使い分け**を教えよう。

効くツボ
1. 力を入れすぎない
2. 投げ終わったら脱力
3. 人差し指と中指で送り出す

効くツボ 1

投げ終わったあとも腕に力が入っていないかチェックする

ボールが手から離れたあとも力が入ったままだと、腕が振り切れず、せっかくそこまで伝えてきたエネルギーを力に変えてボールへ伝えることができない。もしも、投げ終わったあとも腕が強ばった状態で、高い位置で止まっていたら、力が入りすぎている証拠。チェックしてあげよう。

効くツボ 2

ボールが手を離れたら、腕の力を抜いて体の反対側へ流す

ボールが手を離れる瞬間は力を入れなければいけないが、離れたあとは力は抜いていい。むしろ、抜かなくてはいけない。投げ終わったあとの腕は、右投げの場合は左側に流れて、ダラーンとするくらいがちょうどいい。腕を振り抜く軌道を、まずは手を添えて誘導しながら教える。

効くツボ 3

先端が擦れるくらいに人差し指と中指でボールを送り出す

ボールが手を離れる最後の瞬間は、人差し指と中指の先端でしっかり送り出せているかを意識させる。擦れる感覚があれば、うまく投げられた証拠だ。パパ・ママがボールを持ち、指から離れる瞬間の感触を体験させてから、投げたときに同じ感覚があったかどうかを確認させる。

やってみよう
いろいろなボールを投げる

腕の力の抜き方をマスターするには、キャッチボールをたくさんするのが有効。野球用のような小さいボールでも、ドッジボールのような大きいものでもきちんと腕を振れるよう、いろいろなボールで練習しよう。

できないときはここをチェック ☑

腕を流すことが難しいときは、「投げ終わったときに左足（右投げの場合）の太モモ外側に手が触れるように」と教えると理解しやすい。

投げ終わったあと3秒間
フィニッシュの形をキープする

💡 コレが直る　フィニッシュの形を崩さず、コントロールとバランスがよくなる。

手を離れたあとも正しい姿勢で
ボールの動きを見守る

　投げ終わったあとの姿勢は、ボールの軌道や回転、スピードや強さなどを左右するものでもあり、それらがどうであったかを確認するためにも重要である。

　ボールが手を離れると同時に気も抜けてしまわないように、**顔の向きや重心の位置、下半身の状態などに意識を残し**ながらボールの行方を見守ることが必要だ。

　毎回、体の各パーツの動きと投球の結果を総合的にチェックすることで、投げる動作のレベルアップが可能になる。

効くツボ
1. 着地するまでボールを見る
2. 前側の足1本で立つ
3. 左足の壁は崩さない

効くツボ 1

投げ終わったあとも着地するまで
ボールから目を離さない

投げ終わったあとも、顔は投げた方向を見たままキープさせる。そうすることによってボールがまっすぐ行きやすくなるし、ボールの回転や軌道、着地点を確認すれば次に生かせる。投げ終わった姿勢でストップさせ、「ボールが落ちるまで見ていよう」とことばで促す。

効くツボ 2

投げ終わると同時に全体重を
前側の足に移動させておく

右投げの場合、投げ終わったあと左足1本で立っていられれば、右足側にためたエネルギーがすべて左へ移動していることになる。右足に体重が残ったままでは、せっかくためた力が使えていないことになるので、重心がどちらにあるか確認するとともに、片足立ちができるように教える。

効くツボ 3

左ヒザや腰は投げ終わった
あとも正面を向けたまま保つ

ボールを離したあとの右手は左へ流しても、左のヒザや腰は最後まで開かず、壁を保っておかなくてはいけない。投げ終わったときに左足の内側がキツく、窮屈な感じがあるくらいが、正しくできている証明になる。良い投げ方はキツい締まりがあるものだということを理解させよう。

やってみよう
間隔を開けず次々に投げる

カゴに10個ほどボールを入れておき、1球ずつゆっくりではなく、投球間隔を空けずにどんどん投げさせる。それでが投球が乱れないように、反復練習を行ってフォームを固めさせよう。

できないときはここをチェック ☑

顔が横を向いたり、体が開いたりするときは、投げる方向に親が立ち、投げ終わって3秒間はフィニッシュの形を保てるよう手拍子をしながら数えてあげる。

▶小さいボールを投げる

完全な右足体重の練習をして エネルギーを倍増させる

💡 **コレが直る** 投げる動作のときの重心移動が、よりスムーズにできるようになる。

**完全な右足体重の練習をして
エネルギーを倍増させる**

　重い球、という表現がある。当然、ボール自体が重いわけではなく、体重が乗った球という意味だ。それを実現するために欠かせないのが、スムーズかつ適切な重心移動である。特に大切なのが、**右投げの場合は、投球動作に入る前の右足重心**。完全に右足へ体重を乗せるためには、片足立ちをすることだ。

　右足にためるエネルギーをさらに増すために、一度左へ体重を寄せてから右へ移動するという方法もある。ぜひ練習させて体感させてほしい。

効くツボ
1. 右足1本で立ってみる
2. 左→右→左と重心移動
3. キャッチボールでチェック

効くツボ 1

投げる前に左足を完全に浮かせ、右足一本で立つ

投球動作に入るとき、まずは後ろ側の足に重心を移動して力をためる必要があるが、より確実にするために、前側の足を完全に浮かせて、片足立ちをさせよう。最初は上げた足と腰に手を添えて補助してもよいが、片足で体を支えられるように、バランスを取る練習をさせる。

効くツボ 2

左右の足を前後に開き、左→右→左の順に重心を移動する

足を前後に開いて腰を落とし、左足→右足→左足と重心を移動させる練習をする。上体が倒れないよう、腰からしっかり動かそう。左からスタートすることで、右足に倍以上のエネルギーをためることができる。この練習によって投球のリズムが良くなり、下半身強化も可能だ。

効くツボ 3

キャッチボールを繰り返して基本動作を完全に身につける

ボールを離す感覚や全体的なフォーム、体重移動など、すべてをマスターするために、キャッチボールを繰り返す。あくまでも基本的な動作を身につけさせることが目的なので、あまり距離を開けずに近くに立って、正しくできているか確認しながら一緒に練習しよう。

やってみよう

こっそり親が下がってみる

キャッチボールをしながらフォームやバランスなどをチェックして、うまくできていると判断したら、パパ・ママは少しずつ後ろに下がって距離を延ばし、それでもできるか試してみる。

できないときはここをチェック ☑

幼い子など、左→右→左の重心移動練習が難しいときは、1・2・3のリズムで、右足で2回ケンケンをしたあと左重心で投げる練習をするとよい。

知 っ て い る と ひ と つ ト ク を す る

日常生活が丸ごとトレーニング

お手伝いも階段の上り下りも、日常生活のすべては
意識次第でトレーニングに変えられる。

RANKING

1 窓ふきで上半身を鍛える

腕を高く上げて大きく動かす窓ふきの掃除では、腕から僧帽筋にかけて鍛えることができる。つま先立ちで行うと上半身の側面やふくらはぎも強化できる。

2 廊下の雑巾がけで足腰強化

両手足をついた低い体勢で、床を蹴って前に進む雑巾がけの運動は、足腰全体のトレーニングになって、下半身の強化につながる。

3 お風呂掃除は全身運動

バスタブや床など、広い範囲を低い体勢で洗うお風呂掃除は、腕や足全体を使うため、上・下半身両方のトレーニング効果大。

4 階段や通学電車で脚力アップ

上り階段の一段抜かしは、股関節ストレッチと脚力トレーニングを兼ねられる。通勤・通学の電車では、太モモから指先まで力を入れて踏ん張って立てば、トレーニングになる。

5 会話しながら親子ランニング

教育効果を取り入れるなら、公園などでのランニングがおススメ。話ができる程度のペースで、ふだんの会話をしながら一緒にランニングすることが、心と体の健康につながる。

日常生活の中でできるトレーニング

トレーニングというと、誰もが「きつい」「苦しい」というイメージを持っているだろう。トレーニングをすれば、した分だけ効果的で自分に返ってくることはわかっているのだが、それがなかなかできない。大人でもそうだから、子どもたちならなおさらだ。

そこでおススメなのが、お手伝いをしながら筋力トレーニングもしてしまおうというやり方。

家の中はきれいになるし、筋力トレーニングはできて、子どもの教育にもなる。一石三鳥の方法だ。

日常生活において、自分の意識次第でいろいろな動作をトレーニングに置き換えることができるのだ。

前転・後転、側転、鉄棒

回る力をのばす

軸を意識し、ブレずに回転できる練習をさせよう。
苦手な子どもが多い逆上がりも、タイミングさえつかめれば克服できる。

マットの中心線と自分の体の中心線を重ねるように回る

> **コレが直る** 左右にブレず、勢いよくキレイに前転・後転ができるようになる。

回る方向と幅を確認し、両手を頭上へ伸ばしてから前転する

　まっすぐ前転・後転ができずにマットからはみ出してしまう子どもは少なくない。

　回る方向と幅を意識させるだけでも違うはずだ。3本線を引いて示してあげよう。もうひとつ必要なのが、**勢い**。回る力とスピードがないと、回転の途中で方向性を失ってしまうので、両手を伸ばして立った姿勢からスタートさせる。

　上手に回れれば首に負担はほとんどかからないが、安全のため、練習を始める前は必ず首のストレッチを十分にさせること。

> **効くツボ**
> 1. マットに3本線を引く
> 2. 体の中心線を意識させる
> 3. 腕を高く上げてから回る

効くツボ 1

左右の線からはみ出さないよう、中心線上でまっすぐ回る

マットに見立てた布団の中央と左右にテープなどで線を引いて、中心線の上を、両脇の線からはみ出さずに回るように言う。その意識を持つだけで、左右にブレず、まっすぐ回る感覚は理解できるはず。あまり狭くして失敗体験をさせないように、肩幅よりすこし広めに線を引く。

効くツボ 2

体の中心線とマットの3本線の真ん中を重ねる意識を持つ

体の軸を意識させるため、自分の体にも中心線があることを理解させる。頭からつま先まで、まっすぐの線があると説明しながら、指で示してあげるとよい。その線がマットの3本線の真ん中と一緒になるように回ると、前転も後転もまっすぐにできるということを教えてあげる。

効くツボ 3

両手を頭上に高く伸ばした姿勢から勢いよく回転する

立って両手を上げた姿勢から前転をさせると、スピードがついてキレイに回れる。手の先から足の先までを伸ばした形から小さく速い動きに移れるよう、手を添えて教えよう。しゃがんだ姿勢から回る「でんぐり返し」は遊びの範囲。回る力をのばすには、この「前転」を練習する方が有効だ。

やってみよう

2回連続で前転を

1度前転をしたら、すぐに立ち上がって、もう1度回ってみよう。最初の構えがきちんとできていれば、回った勢いですぐに立てるし、マットの中央にいるはずだから、連続技ができるはずだ。

できないときはここをチェック ☑

でんぐり返しと前転の違いが理解できれば、頭の先から足の先までを意識した動きができて、着手までの動作をスピードや回る力に変えることができる。

32 ▶前転・後転

小さいボールになったつもりで
コンパクトに回転する

💡 **コレが
直る** コンパクトでスピードのある前転・後転ができるようになる。

**おヘソをのぞき込む姿勢から、
後頭部をつけて小さく回る**

大きな円より小さい円の方が、一回転するのは早い。前転・後転も同じで、**体をできるだけコンパクトにして小さく回る**方がスピードも出るし、形も美しく見える。

アゴを引いて、後頭部からマットにつくようにすることがポイントだ。「うん」とうなずいておヘソを見る姿勢をキープしたまま回れればできるのだが、幼い子どもなどに、その説明ではわかりづらい場合には「ボールのように小さく丸くなって」と言うと伝わりやすい。

効
く
ツ
ボ

1. うなずいた姿勢を取る
2. おヘソを見る
3. 後頭部をマットにつける

効くツボ 1

「うん」とうなずいた姿勢で アゴをひいて前転する

大きい回転ではスピードが出ないため、より小さく回転できるよう、アゴをしっかり引くことを教えよう。アゴに手を添えて支えるか、「うん」とうなずいた姿勢を取るように説明するとよい。最初は、その形がわかりやすいように、しゃがんだ姿勢から回る練習をさせてもよいだろう。

効くツボ 2

アゴを引いたら、自分のおヘソを 見るようアドバイスする

アゴを引いたら、目はおヘソを見るようにアドバイスしよう。そうすることで上半身が小さく丸くなるため、次の動作に移りやすくなる。アゴを引いたり、おヘソを見るという説明を理解するのが難しい幼い子どもは「ボールのように丸くなってごらん」と言うと、その形ができやすい。

効くツボ 3

着手位置の間にタオルを置き、 そこに後頭部をつけさせる

効くツボ1・2ができても、いざ回り始めようとすると、恐怖心でおでこからついてしまう子どもがいる。それではうまく回れないし危険でもあるので、後頭部をマットにつけるように教えよう。両手の間にタオルなどやわらかいものを置いて、そこに後頭部をつけることを説明し、理解させる。

やってみよう
前転・後転でマットを往復

前転をしたら、そのまま後転をやってみよう。最後までブレずに元の位置に戻れれば、前転も後転もバランスよくできている証拠だ。それもできたら、前転2回のあと後転2回にチャレンジ。

できないときはここをチェック ✓

頭を入れて回るのを怖がる子は、親が肩と太モモの後ろを支え、持ち上げてゆっくり少しずつ回して、慣れさせるとよい。首を痛めないよう要注意だ。

1段高いところから前転して
スピード感を身につける

> 💡**コレが**
> **直る** バランスよくスピードに乗った回転を実感し、体で覚えられる。

スピード感とバランス感覚を
身につける練習方法を教える

　百聞は一見にしかず。マットのスタート地点に段差をつけ、上から勢いよく回転させることで「スピードをつける」とはどういうことか、身を持って体験させ、子ども自身の中に判断する基準を作ってやる。

　回転した勢いを生かしてスッと立ち上がるために、**体の軸と腹筋を意識し、足を閉じて、回転方向へのエネルギーを阻害しない**ことも大切だ。

　そのために役立つ、足にタオルを挟む練習法とゆりかごトレーニングも紹介する。

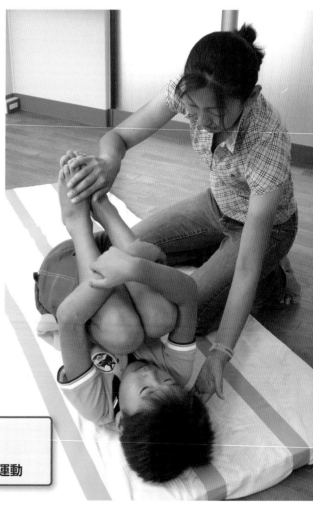

効くツボ
1. **スタート地点に段差**
2. **足首にタオルを挟む**
3. **ヒザを抱えてゆりかご運動**

効くツボ 1

布団を重ねた段差を利用し、スピードをつけて回転する

布団の端を丸めるか、別の布団や座布団を1枚下に入れるなどして、スタート地点に段差を作って練習をさせよう。傾斜の流れに沿って回転することで、スピードをつける感覚を味わうことが目的だ。段の上に手をつかせて一気に回る練習を繰り返し、スピード感を体に覚えさせる。

効くツボ 2

足首の間にタオルを挟んで、落とさないように回らせる

回転中に足が開くと、動きが大きくなって最後は立ち上がりづらく、バランスが悪いと倒れてしまう可能性がある。足首の間にタオルを挟ませることは、有効な矯正法だ。落とさずに回れれば、足が閉じている証拠。「接着剤をつけたから、もう開かないよ」と暗示をかける方法もある。

効くツボ 3

軸を意識し、腹筋をうまく使って起き上がる練習をする

ヒザを抱えて座り、ヒザ小僧を見ながら前後に揺れる「ゆりかごトレーニング」は、体の軸を作り、腹筋を使って起き上がる練習になる。反動を利用して起き上がる感覚がつかめれば、前転・後転もうまくできるようになる。1人でできない場合は、頭と足に手を添えてサポートする。

やってみよう
補助なしでできるかテスト

足を閉じたままスピードをつけた回転をまっすぐできるようになったら、段差やタオル、マットにつけた三本線もすべてなくして、それでもきちんと前転・後転ができるかを見てあげよう。

できないときはここをチェック ☑

ゆりかごトレーニングで横に倒れてしまう場合は、足首付近と後頭部を支えながら、どちらかに動いたあとに、もとに戻る感覚を理解させてあげる。

カエル横跳びを練習し、
横回転の感覚を少しずつ覚える

> 🔅 **コレが直る** 遊びながらの練習から徐々に段階を上げ、側転をできるようにする。

カエル横跳びから徐々に足を高く上げて側転の練習をする

　側転を習得するには、**段階を踏んで練習する**こと。

　まずは、両腕で支えて体を横方向へ移動させる「カエル横跳び」から、徐々に足を高く上げて大きく回れるようレベルアップする。

　腕の力が足りないと、体を支えきれずにヒザから着地したり、頭から突っ込むなど危険がある。ヒジが曲がらず、しっかり腕で支えられているかを見定めながら練習をさせよう。

　失敗して恐怖心を持ったりケガをしないよう、**無理なく少しずつ進む**ことが大切だ。

効くツボ
1. カエル横跳びの練習
2. 直線上に手をついて回る
3. ゴムひもで高さを意識

効くツボ 1

カエル横跳びで遊びながら、腕で体を支える感覚を味わう

立っている位置の正面よりすこし左（または右）に手をつき、そのさらに左（右）へ足を移動させる「カエル横跳び」を練習する。両腕で体を支える感覚に慣れることが目的なので、危険でなければ形はさほど気にしなくていい。ヒザではなく、きちんと足から着地しているか見てあげよう。

効くツボ 2

マットに直線を引き、着手位置と進行方向を確認させる

マットに直線を引き、その線上に両手をつくよう教えて進行方向を確認させる。グニャッとならずキレイに着地するには、最後に左手でしっかり地面を押すことが大事。腰を支えて実際に回らせながら教えるか、手を合わせて力いっぱい押す練習をさせてもよい。

効くツボ 3

ゴムひもで目安を作り、足を高く上げて横方向へ回らせる

マットの片側にゴムひもを挟み、角度をつけて、足がかからないように意識させると、足をより高く上げて回る練習になる。右手からつく子には左側に、左手からつく子は右側に高さを作ってあげるとよい。最初は低いところから、レベルに応じて徐々に上げ、最終的には90度を目指そう。

やってみよう

左にも右にも回れるように

ゴムの高さを徐々に上げて90度に近づける練習と併せて、右回転も左回転もできるように練習するとよい。子どものうちにどちらにも回れるよう練習しておくと、バランス感覚が養える。

できないときはここをチェック ☑

カエル横跳びが難しい場合は、マットに引いた線をまたぐように手をついて、線を左右にまたぐ練習から始めさせるといい。徐々に高さをつけさせよう。

コツ No.35 ▶ 側転

空中に上がったら両足は
まっすぐ伸ばして大きく開く

> **!コレが直る** 横方向への回転が、大きく美しく、リズミカルにできるようになる。

**正しい位置に手と足をつき、
開脚してリズミカルに回る**

側転は、**一定のテンポで
正しい位置に手足をつくと、**
リズミカルに回れる。

**空中では、足をまっすぐ
伸ばして大きく開くことが、**
タイミングを取る上でもバラ
ンス面でも大切だ。安定した
着地が可能で、見栄えもいい。

危なくないように、マット
や布団を敷いて、前後左右に
何もない広い場所で行うこ
と。パパ・ママも集中して、
しっかり体を支えるなど、サ
ポートが必要だ。

できないときは無理をせ
ず、カエル横跳びに戻って練
習させる。

効くツボ
1. 手と足をつく位置に印
2. 逆立ちから開脚姿勢を作る
3. 一定のリズムで回転する

86

効くツボ 1

床に手足をつく位置の目安を描き、それに沿って回転する

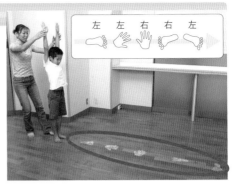

手と足をつく位置の目安がわかるように、床に手形と足形を描いてあげよう。一歩目はつま先が進行方向に対してまっすぐ、そのあとは手も足も横向きになるように描く。それに沿って回転することで、手足の向きや、足をもっと高く、あるいは遠くへ…という課題がわかるようになる。

効くツボ 2

空中で大きく足を開く姿勢を、足を支えながら覚えさせる

両足を空中で大きく開くと、技が大きく見えるだけでなく、バランスやタイミングもよくなるし、着地のときの安定性も増す。空中で足が揃って回転が速くなりすぎると、安定性がなくなってしまう。逆立ちをさせ、パパ・ママが足を支えて大きく開いてやり、正しい形を覚えさせる。

効くツボ 3

声と拍手でカウントし、リズミカルな回転をサポートする

一連の動作が速すぎたり遅すぎたり、途中だけ速かったりしないように、「1・2・3・4・5」とカウントしながらリズムを作ってあげよう。左から回る場合は、左足・左手・右手・右足・左足の順で5拍。タイミングをうまく取るには、筋力とバランス感覚がかなり必要だ。練習しながら養おう。

やってみよう

壁倒立から開・閉脚する

壁に向かって逆立ちができれば、その状態から自力で脚を開いたり閉じたりする練習をしてみるとよい。足をしっかり伸ばして開く感覚がつかめれば、キレイに側転ができるようになる。

できないときはここをチェック ☑

ヒザや足首が曲がったり、足が揃ったり、印の位置に手足が行かないという場合は、1つ1つの動作を確認して、細かいところも意識できるように教える。

コツ No.36 ▶鉄棒

肩幅に開き、手のひらを下に向けてしっかり鉄棒を握る

> 💡 **コレが直る** 順手で鉄棒を持つことで、体を安定して支え、回りやすくなる。

順手で肩幅に持って、体を支えやすく、回りやすくする

　前回りも逆上がりも、肩幅に手をセットし、親指を鉄棒の下に回して、他の4本指とで鉄棒を包むようにして持つと、もっとも安定して楽に回れる。

　パパ・ママは、手の向きと場所、親指の状態をチェック。万が一子どもが落ちそうになったらすぐ支えられるよう、立ったままではなく低い位置で補助しよう。室内用鉄棒で練習するときは、動かないようにパパ・ママが足やヒザで土台を押さえ、空いている手で鉄棒を支えておく。

効くツボ
1. 順手で持つ
2. 肩幅に手をセットする
3. 親指をしっかり握って固定

88

効くツボ 1

前回りも逆上がりも、手のひらを下に向けて順手で持つ

鉄棒の上から手を乗せて握る順手が、基本的な持ち方。握力が小さい子どもでも体を支えやすいし、回転するときに手首の切り返しがしやすいからだ。下から握る逆手ではブレーキがかかってしまうので、前後どちらに回るときも順手で持つよう教える。

効くツボ 2

前ならえの姿勢から手を下ろして、肩幅で鉄棒を握る

体を支えやすく、また回りやすくするために、肩幅と同じ位置に手を置いて鉄棒を握らせる。肩幅より狭く持てば回るときに邪魔になるし、広く持ちすぎると力が分散してうまく体を支えられなくなってしまう。鉄棒の前に立って「前ならえ」をさせ、そのまま手を下ろして持つように教える。

効くツボ 3

親指を4本指の外に出し、しっかり鉄棒を握って固定する

親指をしっかり握って固定すると、腕に力が入りやすくなるし、体を支えやすくなる。パパ・ママは手で触れながらきちんと握れるようサポートする。親指を4本指の内に入れて鉄棒と一緒に握ってしまうと、回りにくいしケガの原因になるので、外に出しているかも要チェックだ。

やってみよう
体の支えやすさを実験する

持ち方がわかったら、しっかり体を支えられるか、実際に鉄棒に乗って確かめてみるとよい。持つ幅を狭くしたり広くしたりしながら、支えやすさがどう変わるかを試してみてもいいだろう。

できないときはここをチェック ☑

どう持っていいかわからないときは、順手と逆手それぞれの意味を説明し、理解させた上で、手を添えながら順手の持ち方を教えてあげるといい。

コツ No.37 ▶逆上がり

つま先を前に向け、足を前後に開いて踏み込む準備をする

💡 **コレが直る** 回る方向にまっすぐ、前後に足を開いて踏み込みをしやすくする。

両足のつま先を前に向けて立ち、前方向に回る準備をする

逆上がりをうまくするには、**踏み込みがとても大事**。これから回る方向へ、回転に必要なエネルギーを伝える第一歩だからだ。

その準備として、左右のつま先をまっすぐ前に向け、前後に開いて、鉄棒の真下に前足をセットする。

つま先が外へ開くと力が逃げるし、足を開く幅が狭すぎたり広すぎたりすると次の動作に移りにくくなり、前足の位置が出すぎたり後ろすぎたりすると十分な踏み込みができない。正しい位置に足を置けるようサポートしよう。

効くツボ
1. 足を前後に開く
2. 前足は鉄棒の真下
3. つま先を回る方向に

効くツボ 1

軽くヒザが曲がる程度の幅に
足を前後に立ち、準備をする

足を前後に開いて立ち、タイミングを取る準備をさせる。開く幅が狭すぎるとヒザが伸びきってしまい、広すぎると曲がりすぎて、どちらも次の動作に移りにくくなってしまう。軽くヒザが曲がるくらいの、余裕のある状態がベストだ。ヒザの角度を確認して、足の位置を調整してあげよう。

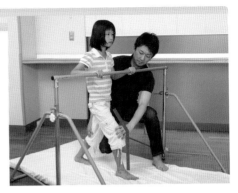

効くツボ 2

鉄棒の真下に足をセットして
踏み込みの準備をする

鉄棒の真下に線を引き、その上に前足を置いて踏み込む準備をさせる。その線より自分側に足を置くと踏み込みが大またになりすぎてバランスを崩しやすくなるし、線より向こう側に置くと、踏み込んでもあまり足の位置が変わらない。パパ・ママは手を添えて正しい位置に足を誘導する。

効くツボ 3

両足のつま先を回る方向に
向けて踏み込みやすくする

つま先は、まっすぐ前に向ける。前の足はもちろん、後ろの足もつま先を回る方向に向けることで、スムーズに踏み込むことができる。つま先が外に開いていると、踏み込んだときに力が外へ逃げてしまう。パパ・ママは、ことばで説明しながら、手を添えてサポートしてあげる。

Let's やってみよう

左右の足で踏み込む練習

左右どちらの足を前にした方が回りやすいかは、個人差がある。やりやすい方でかまわないが、逆の足で踏み込む練習もするとバランス感覚も養われるので、余裕があれば試してみよう。

できないときはここをチェック ☑

両足を揃えていたり、大きく広げすぎたりする子どもには、靴1足半から2足分くらいを目安に、適正な幅に足を開いて立つように教えてあげる。

大きく踏み込む瞬間にだけ、手に力を入れて鉄棒を握る

コレが直る 実際に足を上げるまでの、手と足のタイミングの取り方がわかる。

足を蹴り上げる前にタイミングを取って最後の準備をする

前後に開いた足に交互に体重を乗せながら、前足に重心が乗るたびに体を鉄棒に寄せ、踏み切る準備をする。手は、足でタイミングをはかっている間はほとんど力を加えず、鉄棒に添えておく程度で、**グッと踏み込む瞬間に力を入れて鉄棒を握る**。そのときにワキが開いてしまうと力が入らず、体を支えられないので、**ヒジを体から離さない**よう注意させることも大切だ。

すべて同時に行うことが難しければ、最初は一つ一つの動作に分解して練習してもよい。

効くツボ
1. 1、2の3のタイミング
2. ヒジを体につけておく
3. 踏み込みと同時に握る

効くツボ 1

前後の足に体重を乗せ替え、「1、2の3」で大きく踏み込む

足を蹴り上げるまでのタイミングを、「1、2の3」と声をかけ、手本を見せて教えよう。「いー」と「にー」で鉄棒下の線上に前足を着いて体を鉄棒に寄せ、「ち」と「の」では後ろ足に体重を戻しながら体を鉄棒から離す。そして「さん」で、線を大きく越えて前足を踏み込む。

効くツボ 2

後ろに立って外から押さえ、ヒジを開かないように補助する

どの競技にも共通することだが、ワキを締めることは非常に大事。しかし、ほとんどの子どもが踏み込みの瞬間にワキが開いてしまうのも事実だ。それでは体を支えられないので、後ろに立ってヒジを押さえ、足や体を前後させてもヒジを体につけたまま離さないようにアドバイスしよう。

効くツボ 3

一気に踏み込む瞬間までは手のひらの緊張を解いておく

手は、最初からずっと力いっぱい鉄棒を握っているのではなく、力を抜くところと出すところのメリハリをつける。「1、2の3」のうち「1、2の」はほとんど鉄棒を持っていないくらいまで力を抜いておき、「3」で一気に踏み込むと同時にグッと握りしめることを教える。

やってみよう

いきなり踏み込んでみる

1、2の3のタイミングでうまく踏み込みができるようになったら、「1、2の」までのタイミングを取る動作をなくして、いきなり「3」の踏み込みができるか、チャレンジしてみよう。

できないときはここをチェック ☑

タイミングを取ることが難しければ、鉄棒から離れて、タイミング練習だけを一緒にしてあげるとよい。ワキが開くときは、タオルを挟んであげる。

上から力強く踏み込んで、反動で後ろの足を高く上げる

> 💡 **コレが直る** 地面を蹴った反動を利用して、後ろの足を鉄棒より高く上げられる。

鉄棒より1歩分前に、上から叩きつけるように踏み込む

逆上がりに必要なのはタイミングだけで、基本的に力はいらない。逆説的にいえば、腕力や腹筋が十分にあれば、タイミングを取らなくても逆上がりができる。

子どもたちには、「1、2 の3」のタイミングがうまく取れたら、「3」では足を一度持ち上げてから、「1、2」のときより1歩前にドン！と叩きつけるように踏み込むことを教えよう。

そうすることで、「1、2」では前に向かっていたエネルギーを、上へ方向転換することができる。

効くツボ
1. 1歩分前に目印
2. 上から力強く前足をつく
3. 後ろの足を高く上げる

効くツボ 1

鉄棒下のラインより
1歩分前に印をつけて、踏み込む

鉄棒下のラインから1歩分前に目印をつけ、踏み込みのときはそこへ足をつくことを確認させる。その位置が、体を持ち上げ回転させるためにもっとも効率的な踏み切り位置なのだ。踏み込むのは、前足。「1、2の3」で、鉄棒下のラインに2度ついたあと、大きく前へ1歩を踏み出す。

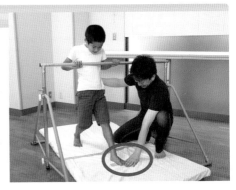

効くツボ 2

高い位置から叩きつけるように
足をついて力強く踏み込む

踏み込むときは、足を前へ滑らせるのではなく、上から叩きつけるようにつかせる。そうすることで、反発する力で後ろの足を上げやすくなる。「ドン！」と音がするくらい強く、とことばで説明しながら、手を添えてヒザが90度近くまで曲がるくらい足を上げさせて、サポートしよう。

効くツボ 3

オーバーヘッドキックをする
ように後ろの足を高く上げる

前足を踏み込んだら、その反動を利用して後ろ足を上げる。より高く上げる意識を持つために、鉄棒より子どもの頭2つ分くらい上に目標になる物を置いて、オーバーヘッドキックのように足を当てさせる。最初はヤル気を出させるため目標を低めにし、レベルに応じて調整するとよい。

やってみよう
目標の位置を高くする
足を上げる目標は、最初は失敗体験をさせないために低く設定するが、少しずつ高くして、それでも届くかチャレンジさせてみよう。足が高く上がるほど、大きく楽に回転できるようになる。

できないときはここをチェック ☑
足を持ち上げて、力強く踏み込む動作がなかなかできない子どももいるだろう。足の裏全体でドンと強く着地できるよう、足を持ってサポートしよう。

足が鉄棒を越えたら
足首を押さえて上体起こしをする

> 💡 **コレが直る** スムーズに回転し、上体を起こしてフィニッシュできるようになる。

手首を切り返してスムーズに回り、足首補助で体を起こす

　両足が浮いても体を支えられるように、斜め懸垂で、**ヒジを曲げて体を持ち上げる**感覚を練習させる。

　また、**途中で手首を切り返し**、最後は上体を持ち上げることを教えて、スムーズな回転をサポートする。

　慣れないと、体を持ち上げられずに手が離れたり、足が着地する前に手を離す子どももいる。そうならないよう本人に意識させ、落ちてしまったときのために、床にはマットなどを敷いて、パパ・ママはいつでも支えられる体勢を保つ。

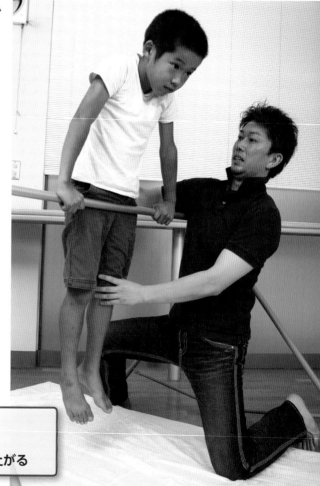

効くツボ
1. 斜め懸垂を練習する
2. 手首を切り返す
3. ふとん干しから起き上がる

効くツボ 1

空中でも体を支えられるように斜め懸垂の練習をする

せっかくタイミングをうまく取れても、「1、2の3」で蹴って両足が地面を離れた瞬間、ヒジが伸びて、体が鉄棒から遠ざかってしまうケースは少なくない。そうならず、空中で自分の体を支えられるように、斜め懸垂の練習をしよう。斜め懸垂をするときくらいヒジが曲がっていれば回れる。

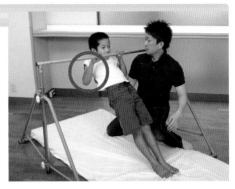

効くツボ 2

鉄棒は強く握らず、手首を切り返してスムーズに回転する

回転中はギュッと手を握らないことが、手首の切り替えしのコツ。力を抜きすぎても落下の危険があるので、適度な力加減で手首の可動範囲を広げられるよう、手を持って動きを確認させるとよい。本来は自然の動きの中でできることだが、意識することでよりスムーズにできる。

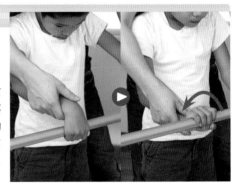

効くツボ 3

アキレス腱を押して、最後に上体を起こすサポートをする

せっかく足が鉄棒を越えても、体を起こせない子どもはけっこう多い。お腹が鉄棒に乗っている「ふとん干し」の姿勢になったら、アキレス腱のあたりと背中か頭に手を添えて、サポートしよう。アキレス腱をグッと押してやると、背筋の補助になって上体を起こしやすくなる。

やってみよう

逆上がりテストをしよう

一連の動作をつなげて実際に逆上がりをやってみて、10回テストをする。地面に表を描いて○×をつけ、10回中8回できたら合格。5回以下なら、忘れないうちにすぐ再度練習させよう。

できないときはここをチェック ✓

ふとん干しの姿勢から起き上がれないときは、前後に体を揺らして反動をつけて、「せーの」で上がる練習をさせる。親が手を添えてサポートしてもよい。

知っているとひとつトクをする

ゲームばかりする子どもは大人の問題

外で遊ばない、ゲームばかり…。その原因は大人にもある。
子どもを叱る前に反省すべきことを振り返る。

RANKING

1 ゲームやおもちゃをすぐには与えない

一緒に外で遊ぶ習慣がなかったり、ゲームを買い与えたり、ゲーム自体を作ったのも大人自身だ。ゲームは、1日20分まで、といったルールを作ろう。

2 とくに幼少期の子どもに外遊びを

幼少期は、外遊びをしながら創意工夫をすることが大切だ。子どもたちは常に、自然に創り上げられる遊びを求めていることを、再認識しなければならない。

3 競技や球技に移行する

幼少期は技術的なことより創意工夫が大切だが、外遊びという基礎ができたら、多少の技術を要する競技や球技などに移行していくことが必要になる。

4 一つの競技には特化しない

たとえば野球やサッカー、水泳、バスケットボール、バレーボール、柔道、剣道など、いろいろな種目を経験することが大切だ。本人がやりたいものをやらせるのがベスト。

5 ゴールを決めて最後までやる

何の競技でも、始めたら、しっかりとゴールを決めて最後までやらせることが大切だ。始めては「つまらないからやめる」では教育上よくない。

Field
原っぱの噂

入園前に基礎体力の土台づくりを

　将来、自分の身は自分で守ることができるように、基礎体力の土台づくりだけは、幼稚園入園前にしておいてほしい。

　近頃は、転んでも手が出ずに顔から突っ込んで、顔面を強打するということをよく耳にする。まずは、転んだとき、大事な頭を自分で守れるよう、すぐに両手をパッと前に出してつけるように訓練することが必要だ。

　小学校の体育では、跳び箱運動をすることで、手を前につく動作の訓練が盛り込まれているが、それでは遅い。

　日頃から、子どもと一緒に"両手タッチ遊び"や、自分の体を支えられる腕力をつけられるように"鉄棒ぶら下がり運動"などをして、パパ・ママの完全サポートの上で楽しく訓練していこう。

一輪車、手押し相撲、バランスボール etc

バランスを取る力をのばす

体のバランスを保つことは、どの種目にも共通して大切だ。
バランス感覚を養うトレーニングや一輪車の練習で、バランス力を磨こう。

コツ No.41 ▶一輪車
乗る準備ができたら
顔を上げて進行方向を目で確認

> 💡 **コレが直る** 安定して一輪車に乗り、前に進むための準備ができるようになる。

サドルを腰骨に合わせ、片足をペダルに乗せたら前を向く

一輪車に安定して乗るためには、段階を踏んできちんと準備をすることが大切だ。

まずは、サドルの高さチェック。**腰骨くらいの高さが**ちょうどいい。

次に、サドルにお尻をつけてペダルに片足をかけ、**目で進行方向を確認**する。パパ・ママは子どもの手を取り、進行方向を示しながら補助してあげよう。

安全のため、アゴも保護できるヘルメットや、ヒザ・ヒジのプロテクターを着用させるのが望ましい。

効くツボ
1. サドルを腰の高さに
2. 片足をペダルにかける
3. 進行方向を目で確認する

効くツボ 1

子どもの腰骨の位置に合わせて
サドルの高さを調節する

輪車の練習を始める前に、安定してしっか
り乗れるよう、サドルを腰の高さに合わせ
てあげる。子どもをまっすぐ立たせて横に一輪車
を立て、サドル上面を腰骨と同じ高さに調節する。
サドルの先端が正面を向くように注意し、高さ調
節ハンドルをゆるみがないようにしっかり締める。

効くツボ 2

サドルにお尻をつけ、片足を
ペダルにかけて準備をする

輪車を少し傾けて手で支え、サドルにお尻
をつけた状態で片足をペダルにかけ、乗る
準備をする。ペダルにかける足は左右どちらでも、
やりやすい方でかまわない。最初は、片足立ちの
状態でぐらぐらしないように、パパ・ママが子ど
もの手を取ってサポートしてあげてもよい。

効くツボ 3

準備の仕上げとして、顔を
上げて目で進行方向を確認する

慣 れていないと、一輪車の上に乗ってバラン
スを取ることだけで精いっぱいになり、足
元ばかりが気になって、下を向いてしまいがち。
でも、前へ進むためには進行方向を目で確認する
ことが大切だ。乗る準備が整ったら、顔を上げ、
しっかり進行方向を見るように促してあげる。

やってみよう
自分で乗る準備をしてみる

サドルの高さ調整から、腰をかけてペダルに足
を乗せ、進行方向を確認するまでの一通りの準
備を、パパ・ママのサポートで1度やってみたあ
と、最初からもう1度、自分でやらせてみよう

できないときはここをチェック ☑
**恐怖心があってバランスが取りづらい
場合は、低い位置にサドルを設定して、
完全にまたがった状態で準備ができる
ようにしてもよい。**

コツ No.42 ▶一輪車

頭から車輪までを一直線上に乗せ、軸を意識する

> **!コレが直る** 軸を意識し、上半身と一輪車をまっすぐに保てる準備ができる。

前後左右どちらへも傾かないよう、上半身をまっすぐ保つ

　前後左右のいずれか一方へ体重が傾けば、バランスが崩れてそちら側へ倒れてしまうことは、経験的に知っている人が多い。

　一輪車に乗るときは、**お腹と背中をまっすぐにする**こと、そして頭から車輪までを一本線のようにまっすぐさせることを教えて、マスターさせる。そのためには、真上から**サドルに体重を乗せる**ことが大切だ。

　パパ・ママは、肩に手をかけさせ、子どもの腰を支えながら、実際に乗らせて体で感覚を覚えさせよう。

> **効くツボ**
> 1. お腹と背中をまっすぐ
> 2. 頭から車輪を一直線に
> 3. 真上からサドルに乗る

効くツボ 1

お腹と背中をまっすぐにして、バランスを取る準備をする

上体がまっすぐ起きていないと、バランスが取れない。前後左右いずれかに傾いたり、猫背になったりしないよう、また必要以上に体を反らせないように教えよう。「お腹と背中をまっすぐさせて」と声をかけ、前後から両手で子どもの体を挟むようにして、背筋を伸ばすことを意識させる。

効くツボ 2

頭から車輪までを一直線で結べるよう軸を意識させる

バランスを取るには、体と一輪車をまっすぐに起こして、一体化させる必要がある。頭からサドルを通って車輪までを1本のラインで結べるように、軸を意識させよう。子どもの体と一輪車が、前後だけでなく左右にも傾いていないように、いろいろな方向から確認してあげるとよい。

効くツボ 3

真上から体重をかけてサドルに座り、バランスを取る

一輪車と体がもっとも接する部分が大きいサドルへの体重のかけ方によって、たとえば前のめりになったり、のけぞったりと、バランスが悪くなってしまう。そうならないために、真上から体重をかけるように教えよう。子どもの腰を持って支え、体重を乗せる感覚を体で覚えさせる。

☞やってみよう

反復練習で素早く形を作る

最初は1つ1つの注意点をゆっくり確認させるが、効くツボ1〜3の形をすばやく作れるように、反復練習をして、注意点を意識しながらテンポよくできるようにしよう。

できないときはここをチェック ☑

サポートがあればできても、サポートなしでは無理という子どもは多い。基本からゆっくり何度もチャレンジさせて、感覚をつかませてあげる。

触れる程度の補助をしながら、片手でバランスを取る

コレが直る 触れる程度のサポートだけで、片手でバランスを取れるようになる。

軸をまっすぐ保ってペダルを踏み、
車輪を前後に動かす

完全に1人で一輪車のバランスを取ることに挑戦する前に、**まずは片手でバランスを取る**練習をさせよう。もう片方の手は、最初は親が手を取ってサポートし、慣れたら今度は壁や木に触れながら、体をまっすぐに保ってグラグラせずにいられるよう、体の使い方の感覚を身につけさせる。

ペダルは水平にして、バランスが上手に取れるようになったら、前後に少しずつペダルを踏んで動かし、それでもバランスを崩さないように練習をさせてみよう。

効くツボ
1. 片手でバランスをサポート
2. 壁や木に触れてバランス
3. ペダルを前後に踏む

効くツボ 1

両足をペダルに乗せ、片手を支えてバランスを補助する

両足をペダルに乗せた状態で、子どもの片手を持ってバランスを補助する。子ども自身にバランスを取ることを意識させなければ、いつまでも親の手を頼りにするので、ギュッと握るのではなく、パパ・ママは手のひらを上に向け、そこに子どもが軽く手を乗せる程度にしておく。

効くツボ 2

壁や木に手をつけて、自分でバランスを取る練習をする

片手バランスの練習に慣れてきたら、パパ・ママの手を持つ代わりに、壁や木を使って1人でバランスを取ることにチャレンジさせてみよう。完全に体重を預けてもたれてしまうと、体が傾くしバランスの練習にならないので、軽く触れる程度にとどめるよう注意する。

効くツボ 3

ペダルを踏んで車輪を前後に動かしても軸はまっすぐ保つ

ペダルを踏んで、車輪を前後に動かしてみる。車輪が回って動く感覚を覚えると同時に、ペダルを踏むタイミングや、力の入れ方の加減を足で理解する。足に力を入れて車輪を動かしても、お腹と背中をまっすぐにした縦の軸が崩れないよう注意。片手バランスでサポートしよう。

やってみよう
低い位置で片手サポート

通常は、子どもの肩に近い位置で手を支えてバランスをサポートするが、それが上手にできるようになったら、手の位置を下げて、ほぼ1人でバランスを取っている状態で挑戦してみる。

できないときはここをチェック ☑

ペダルを踏んで車輪を前後させることができないときは、子どもの両手を持ってサポートしながら挑戦させてみるとよい。

コツ No.44 ▶一輪車

3秒間バランスを保てれば、一輪車に乗れる目安になる

> **！コレが直る** 両手でうまくバランスを取りながら、一輪車に乗れるようになる。

**両手でバランスを取りながら
ペダルを踏んで前進してみる**

　まずは一瞬だけ、パパ・ママの手の平に乗せていた**片手を離して、自分でバランスを取ってみる**。

　倒れたりグラついたりせずにできたら、**3秒間キープに挑戦**。これができれば、両手でバランスを取ることはできているので、この時点で一輪車に乗れる可能性はかなり高いといえる。

　そうしたら、いよいよペダルを踏んで、前進することにチャレンジさせる。最初は短い距離から、徐々にゴールを遠くして、ゲーム感覚で練習するといい。

> **効くツボ**
> 1. 一瞬、手を離す
> 2. 3秒間キープに挑戦
> 3. 目標地点まで漕ぐ

効くツボ 1

一瞬だけ手を離して1人で
バランスを取ることに挑戦する

片手サポートから、パッと一瞬、手を離して1人でバランスを取らせてみよう。ペダルは水平のまま、動かさない。ほんの一瞬であっても、両手でバランスを取ることができて、すぐに倒れなければ、それが一輪車に乗るためのはじめの一歩となる。確実に進歩するための目安だ。

効くツボ 2

手を離して3秒間バランスを
保てるかチャレンジする

手を離して3秒間バランスを保つことができれば、コツ No.41 ～ 43 はマスターできている証拠。かなりレベルが上がっているといえる。パパ・ママは、声や手拍子で3秒カウントして、サポートしてあげよう。基本的にはその場で行うが、少しだけ足を動かす方がバランスを取りやすいだろう。

効くツボ 3

バランスを保ってペダルを漕ぎ、
ゴールに向けて前進する

スタートとゴールを決めて、バランスを保ちながら漕げるかチャレンジだ。その場で練習しているときはできても、前へ進もうとするとバランスが崩れやすくなる。パパ・ママは子どもの上体のブレなどをよく観察し、アドバイスしてあげよう。徐々に距離を延ばして挑戦させる。

☞やってみよう
距離や時間を延ばして挑戦

ゴールまでの距離を徐々に延ばし、木の周りを回ってくるなど、いろいろなチャレンジをさせてみよう。あるいは、1分など時間を決めて、その間は足をつかないという挑戦もいいだろう。

できないときはここをチェック ☑

一瞬その場で立つ経験をさせることが大事。両手サポートから離したり、背後から腰を支えて、その手を離す方法だと、子どもはより安心できる。

コツ No.45 ▶ 手押し相撲

前後や横方向の圧力に負けない
バランス感覚を身につける

💡 **コレが直る** いろいろな動きをしてもバランスを保てる練習を遊びながら行う。

**手押し相撲で遊びながら、
より高度なバランス感覚を養う**

バランスは、どんなスポーツをするときにも欠かせない重要な感覚だ。**日ごろから遊びに取り入れて練習を重ねること**が望ましい。

片足を上げて互いに押し合う「手押し相撲」は、その一例だ。

パパ・ママと一緒でも、兄弟や友だちどうしでやらせてもよい。ワイワイ楽しみながら挑戦しよう。1回だけでなく、日常生活の中で継続的に行うことが必要なので、子どもに飽きさせない工夫が大切だ。いろいろなバランス遊びを一緒に考えて作ってみてもいいだろう。

効くツボ
1. 片足を上げる
2. 手で押し合う
3. 移動しながら手押し相撲

108

効くツボ 1

土俵の中央で両手のひらを
合わせて片足を後ろに上げる

床にヒモで土俵を作って、遊びながらバランス感覚を養う「手押し相撲」の準備をしよう。パパ・ママと子どもが土俵の中央で向かい合って両手の平を合わせ、片足を上げる。どちらの足でもかまわないが、ヒザを後ろに 90 度に曲げてしっかり上げること。きちんとできているか見てあげよう。

効くツボ 2

片足を上げたままで手押し相撲を
してバランス感覚を養う

手で押し合いながら片足でバランスを取るのが、手押し相撲だ。相手を円から押し出すか、上げている足をつかせたら勝ち。パパ・ママは、ときどき強く押したり左右に角度をつけて押したり、ときには逆に手を引いたりして、バランスの練習ができるような場面をたくさん作ってあげる。

効くツボ 3

移動しながらの手押し相撲で
バランス感覚をさらに鍛える

円の中をケンケンで移動しながら、手押し相撲をしてみよう。楽しみながら行うことが大切だが、ヒザが伸びて足が下がったり、形が崩れてしまっては練習にならないので、パパ・ママは子どもの姿勢を常にチェックして、乱れているときは正しい形に戻すよう促してあげよう。

☞やってみよう

バランス遊びを考えよう

円の周りで、ケンケン鬼ごっこをしてもいいだろう。ヒザを柔らかく使う練習にもなるし、速く動いても倒れないようになればバランス感覚も磨かれる。他にもいろいろな遊びを考えてみよう。

できないときはここをチェック ✓

地面についた足に力が入りすぎて棒立ちになると、もう片方の足が下がりやすく、倒れやすくもなる。ヒザを軽く曲げて柔らかく使うことを教える。

太モモと足の指に力を入れ両足でバランスを取る

💡 **コレが直る** 尻相撲で遊びながら、両足でうまくバランスを取れるようになる。

尻相撲を通して足の力の入れ方と上半身の力の抜き方を学ぶ

　遊びながらバランス感覚を養う2種目めは、尻相撲。背中合わせに腰を落として、お尻で押し合いながら、足が動いたり土俵の外に出たりしないようにバランスを取る。

　ポイントは、**太モモと足の指の踏ん張りと、上半身の力を抜く**こと。ヒザを深く曲げて重心を下げ、上体を前傾させすぎないように気をつけさせよう。

　押し合いを始める前に、重心をどこに置くのが一番安定するかを子ども自身に試させ、体勢を決めさせてもいいだろう。

効くツボ	
1.	ヒザを曲げて腰を落とす
2.	両足に力を入れて押す
3.	太モモと指に力を入れる

効くツボ 1

足を開いてヒザを深く曲げ、腰を落としてお尻を合わせる

も う1つのバランス遊び、尻相撲をしてみよう。まずは背中合わせになり、腰を落として低い姿勢を取る。足は大きく横に開き、ヒザを90度くらいまで曲げて、上体はできるだけ起こしてお尻を突き出さないように気をつける。手は軽くヒザの上。正しい形ができているか、見てあげる。

効くツボ 2

両足に力を入れ、上半身の力は抜いて倒れないようにする

お 尻で相手を押し出すように、両足に力を入れる。上に伸び上がらず、後ろへ押すこと。また、押されてもバランスを崩さないためには、上半身の力を抜いておくことも大切だ。勝ち負けだけでなく、なぜうまくできたり失敗したりしたのかを解説して、次に生かせるようにしてあげよう。

効くツボ 3

太モモと足の指に力を入れれば、押されても耐えられる

倒 れないためには、太モモと足の指でしっかり踏ん張ることも大事だ。少しつま先側に体重を乗せると力を入れやすくなる。とはいえ、お尻が引けて上体が前傾しすぎると逆効果だし、バランスも崩しやすくなるので、注意。きちんと力を入れられているか、手で触って確認する。

やってみよう

土俵の大きさを変える

土俵の円を小さくしたり、大きくして動き回れるようにしたりとバリエーションを変えて、いろいろな動きを取り入れながら、どんなときも両足でバランスを取れるように工夫してみよう。

できないときはここをチェック ✓

疲れなどから腰が浮いて安定感がなくなってきたら、腰を落として最初の姿勢を作るように言う。必要なら手を貸して形を作って、仕切り直す。

バランスボールの中心に
真上からまっすぐ腰を下ろす

💡コレが直る　ボールの中心に安定して座り、うまくバランスが取れるようになる。

バランスボールの中心に座って
上半身をまっすぐ伸ばす

　プロスポーツ選手のトレーニングにも使われるバランスボール。子どものバランス感覚を養うのにも効果的だ。

　いろいろな大きさのものがあるが、今回は、基本の姿勢を練習するために、足の裏が地面につくサイズを使用した。

　まずは、**中心部に印をつけて座らせ、上半身と顔をまっすぐにさせて**準備。体勢が整ったら足を浮かせて両手でバランスを取らせる。後ろに転ばないよう気をつけながらチャレンジさせよう。

効くツボ
1. ボールの中心に目印
2. 上半身をまっすぐ伸ばす
3. 顔は真正面を向く

効くツボ 1

バランスボールの中心に
目印をつけて座る場所を示す

球体の上に座るときは、中心に真上から腰を下ろすのが、もっとも安定してバランスが取りやすい。どこに座ればいいかをわかりやすく示してあげるために、バランスボールの中心にテープなどで目印をつけよう。印を真上に向けて押さえ、座るのをサポートしてあげるとよい。

効くツボ 2

バランスボールに座ったら、
お腹と背中をまっすぐ伸ばす

体が前後左右に動かないように、お腹と背中をまっすぐ伸ばすよう教える。実際にバランスを取る練習をするときは足を浮かすが、上半身をまっすぐにできているかを確認するために、まずは地面にしっかり足の裏をつけた状態で座らせる。足裏がつく大きさのボールを選ぶといい。

効くツボ 3

アゴを出したり引きすぎたり
しないよう、顔を正面に向ける

軽くアゴを引いて、目線はまっすぐ前を向かせる。アゴが上がると重心が後ろにかかりすぎるし、顔が下を向きすぎると前かがみになってしまうので、そうならないように見てあげよう。正しい姿勢で準備ができたら、足を浮かせてバランスを取る練習をさせてみる。

やってみよう

10秒キープにチャレンジ

両手を広げながら、両足を浮かせてバランスをキープさせてみよう。最初は10秒間を目標に、パパ・ママはカウントしながらサポート。できたら徐々に時間を延ばしてチャレンジさせよう。

できないときはここをチェック ☑

うまくバランスをキープできないときは、もう1度効くツボ1から確認させる。あるいは、繰り返しチャレンジして経験の中で徐々に感覚を養ってもよい。

おヘソの下の丹田を意識して
腹筋を鍛え、バランス力を強化

> 💡 **コレが直る** 丹田を意識し、腹筋を鍛えることで重心を安定させることができる。

丹田を意識してお腹に力を入れやすくして、重心を安定させる

　腹筋と一口にいっても、胸に近い上部と、おヘソ付近の下部では鍛え方が違う。ヒザを立てて仰向けになり、上半身を起こす運動では上部が、仰向けの姿勢で、腰を浮かせて足を持ち上げる運動では下部が鍛えられる。どの運動をするときも、**おヘソの下にある丹田を意識する**ことで重心を安定させられる。手で触れながら、その場所を教えてあげる。トレーニングをした翌日は、その部位に痛みや違和感を覚えることがある。鍛えられている証拠なので、心配せず、ストレッチをしながらトレーニングを続けよう。

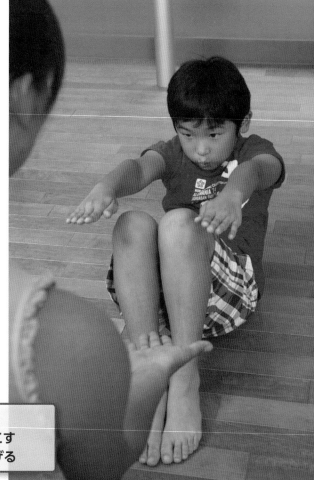

効くツボ
1. 丹田を意識する
2. ヒザを曲げて体を起こす
3. 腰を浮かして足を上げる

効くツボ 1

おヘソの下にある「丹田」を意識することを教える

お　ヘソの下10cmほどのところにある丹田は、エネルギーが出る場所と言われている。どんなスポーツも腹式呼吸を基本とするのはそのせい。丹田を意識すると、自然とお腹に力が入って重心が安定するだけでなく、体に余分な力が入らず自由な動きができる。手で触れながら教えよう。

効くツボ 2

仰向けでヒザを立て、上半身を起こして腹筋上部を鍛える

仰　向けに寝てヒザを曲げ、両腕を頭の上へまっすぐ伸ばしたら、その腕をヒザの向こう側へ持っていくようにして、上半身を起こさせよう。腹筋を上下に縮めるように意識しながら行うことが大切。意識することで腹筋がより刺激されるからだ。この運動で、腹筋上部が鍛えられる。

効くツボ 3

仰向けで腰を浮かし、高く上げた足をさらに持ち上げる

仰　向けに寝て、両足は床と垂直になるようにまっすぐ上に伸ばす。手で床を押さえるようにしてバランスを取りながら、腰を浮かせてつま先を上に持ち上げる。パパ・ママはつま先の5〜10cm上に手の平をかざし、タッチさせよう。これによって、腹筋の下部が鍛えられる。

やってみよう
連続つま先タッチに挑戦

足を上げる腹筋下部のトレーニングで、回数を増やすチャレンジをさせる。最初につま先タッチを何回できるかテストして、プラス5回できるようにチャレンジ。どんどん回数を増やそう。

できないときはここをチェック ☑

効くツボ2の腹筋ができなければ、ズボンの横を持って起き上がってもよい。まずは1回。徐々に回数を増やし、腕を伸ばしてできるようレベルアップしよう。

コツ No.**49** ▶バランストレーニング

3種類のトレーニングで総合的なバランス感覚を磨く

> 💡 **コレが直る** いろいろな種類のトレーニングをして、バランス力を身につける。

多様な体勢を保ちながら、バランス力を身につける

　バランス力をつけるトレーニング3種類を紹介する。

　1つめは、V字バランストレーニング。地面についているのはお尻だけという不安定な状態で、体の中心であるお腹に力を入れてバランスを取る。

　2つめは片足バランス。片方のヒザを曲げて片足で立ち、足の裏全体でバランスを取る。

　もう1つは、体を丸めて揺れながら行うだるまトレーニング。

　それぞれ特長が違うので、**どれか1種類だけでなくすべてを練習させよう。**

効くツボ
1. 両足を上げてV字バランス
2. 片足でバランスを取る
3. 前後左右に揺れて戻る

効くツボ 1

足と背筋を伸ばし、両手を 広げてV字バランスに挑戦する

伸ばした足を持ち上げて、V字バランスに挑戦させる。お腹全体に力を入れ、両手を広げて上半身と下半身のバランスを取る。この姿勢をキープすることで、バランス力をつけるトレーニングになる。足がつま先までピンと伸びているか、背中が丸くなっていないかを見てあげる。

効くツボ 2

片ヒザを曲げて立ち、 片足バランストレーニングをする

まっすぐ立ち、片足を後ろに90度曲げて、もう一方の足でバランスを取らせる。ポイントは、前後左右に多少グラついても、上げた足をついてしまったりしないよう、足の指にしっかり力を入れて、足の裏全体でバランスを作らせること。両手を広げ、片足ずつ、両方の足で練習させる。

効くツボ 3

ヒザを抱えて丸くなり、 前後左右に揺れて戻る練習をする

仰向けに寝させ、ヒザに顔を近づけて小さく丸くならせる。アゴを引いてヒザを抱える姿勢を取らせて、パパ・ママが前後左右に軽く押しながら、元の位置に戻って来させる「だるまトレーニング」をしよう。バランスの練習なので、大きく揺らすのではなく、小さい揺れ幅でかまわない。

やってみよう

自力で前後左右に揺れる

押してもらわずに、自分で前後左右に揺れながら「だるまバランス」を練習してみよう。体の力の出し入れを調節することでバランス力がアップし、いろいろな種目や日常生活で生かせる。

できないときはここをチェック ✓

子どもにはV字トレーニングは難しいため、角度がゆるくてもOK。床から少しカカトを浮かす程度でも、全体のバランスが取れていれば良しとする。

上手にできている場面を
具体的にハッキリとイメージする

💡 **コレが直る** 気持ちと体の緊張をほぐし、よいイメージを思い描けるようになる。

鼻から吸い、口から細く長く息を吐いてリラックスする

うまくやろうと思うほど緊張し、力が入って、体は動きづらく、バランスは崩れやすくなってしまう。

そんなときは、**グッと力を入れてから脱力**したり、**ゆっくり長く呼吸**をすることで緊張をほぐすことができる。

また、**成功イメージを具体的にハッキリ思い描く**ことができれば、かなりの確率で成功する。繰り返しイメージトレーニングをすれば、いつでもそれができるようになるのだ。

方法を教え、自然にできるようになるまで練習を繰り返させよう。

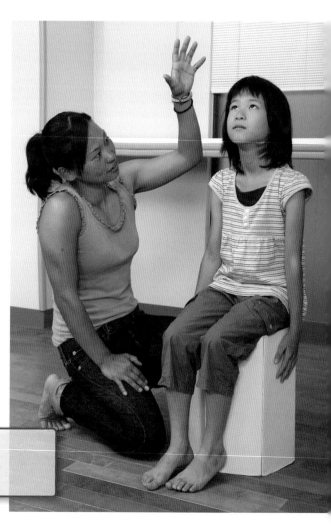

効くツボ
1. わざと力を入れる
2. 鼻で吸って口から吐く
3. よいイメージを描く

効くツボ 1

わざと肩や腕に力を入れて
ストンと落とし、緊張をほぐす

緊張すると肩に力が入り、体を自由に動かしづらくなるため、バランスも崩れやすくなる。「リラックスして」と言っても難しいので、肩や腕に一度ギュッと力を入れさせて、ストンと落とさせると緊張の緩和ができる。どんなときでも使えるので、一緒にやりながら、方法を教えてあげる。

効くツボ 2

鼻から吸って口から吐く
リラックス呼吸法をマスターする

鼻で吸って、口から細く長く吐き出す呼吸法は、リラックスしたいときに有効。息を吸ったときに胸よりお腹がふくらめば、できている証拠。ゆっくり呼吸することで気持ちを落ち着かせることができるので、緊張したり焦ったときには、意識的に呼吸のスピードを落とすよう教える。

効くツボ 3

うまくできているイメージを
頭の中で思い描く練習をする

たとえば、平均台を最初から最後までバランスよく渡りきれている場面など、良いイメージを頭の中で思い描く練習をさせよう。「目の前に平均台があるよ。スタートラインに両足を乗せて目標を定めて、左足から進めて…」とゆっくり具体的に順を追ってことばにし、誘導してあげるといい。

やってみよう
腹式呼吸をさせてみる

鼻から吸って口から吐く呼吸法ができるようになったら、腹式呼吸を教えよう。息を吸うときはお腹をふくらませ、吐くときはお腹を縮めるようにする。お手本を見せながら練習させよう。

できないときはここをチェック ☑

たとえば平均台でグラグラしたり、落ちてしまうイメージが浮かんでしまったら、肩の力を抜くところまで戻って、最初からイメージし直してみる。

足の内側のストレッチ

片足はカカトを内にいれて曲げ、他方の足はつま先を真上に向けてまっすぐに伸ばす。片方ずつ、両足とも行う。腕はまっすぐ前に伸ばそう。

股関節まわりのストレッチ

足を前後に大きく開き、ヒザの上に両手をついて、体重をかけて押すようにしながらゆっくりヒザを前に出す。前のヒザを90度くらいまで曲げて止める。

運動に必要な
ストレッチ体操

練習の前後には、必ずストレッチの時間を取ることを習慣づけよう。
筋肉や関節をほぐすことで体が動きやすくなるため、
走る、跳ぶ、投げるといった動作ができやすく、ケガの予防にもなる。
反動はつけずにゆっくり行うこと、どこを伸ばしているかを
きちんと意識しながら行うことが大切だ。

背中のストレッチ

床にうつ伏せになり、腰の少し手前に両手をついて、上半身を持ち上げる。アゴを上に向けるようにして、めいっぱい背中を反らす。

ヒザ裏と太もも内側のストレッチ

床に座って開脚し、ヒザの裏側が床につくようにしっかり伸ばす。つま先は上を向け、ヒジを床につくと、足の裏と内側がよく伸ばせる。

両ヒザのストレッチ

足を揃えてヒザに手を当て、カカトにお尻がつくらいまで足を曲げたら、立ち上がって軽く手で押しながらヒザを伸ばす。何回か行う。

太モモ前面のストレッチ

まっすぐ立って片方の足をお尻に引きつけて持ち、太モモの前が伸びるのを意識する。体が前に倒れないよう胸を張る。両足とも行う。

アキレス腱とふくらはぎのストレッチ

足を前後に開いて立ち、後ろにある足のカカトをゆっくり下ろして、アキレス腱とふくらはぎを伸ばす。片方ずつ順番に、両足を行う。

両肩のストレッチ

片方の手で、反対側のヒジを持って、頭の後ろへゆっくり引く。体はまっすぐに保ち、引っぱられる側の腕は力を抜く。両腕とも行う。

両腕のストレッチ

腕を肩の高さに上げ、ヒジに反対の手をかけて体に引き寄せる。体と顔は正面を向け、肩を後ろに反らさないよう気をつける。両腕とも行う。

首のストレッチ

おヘソの位置が動かないように気をつけながら、首だけをゆっくり大きく回してスジをほぐす。右回りと左回りを両方とも行う。

体育が得意になる！
パパとママのとっておきコーチ術

すべての「コツ」と「ツボ」を一覧にしてみました。ここに大事な教え方のコツが凝縮されています。
ひととおり読み終えたら、練習や試合のときに、切り取って持っていき、確認してみてください。

▌▌PART1 走る力をのばす

コツNo.01 速く走る 小さく前ならえのポーズから、力を抜いて小さく腕を振る P12	効くツボ 1	小さく速く腕を振る
	効くツボ 2	力を抜いて軽く握る
	効くツボ 3	親指を上に向ける
コツNo.02 速く走る ヒザタッチと手拍子で高くテンポよくモモを上げる P14	効くツボ 1	モモ・ヒザ・足首を直角に
	効くツボ 2	ヒザタッチで高さを教える
	効くツボ 3	手拍子でリズム作り
コツNo.03 速く走る カカトでお尻をたたくように蹴って走る P16	効くツボ 1	カカトをお尻につけさせる
	効くツボ 2	手の平でカカトタッチする
	効くツボ 3	テンポ良く連続して行う
コツNo.04 速く走る スタートダッシュを速くする前傾姿勢は支えて作る P18	効くツボ 1	斜めになるまで体を倒す
	効くツボ 2	倒れる寸前に一歩踏み出す
	効くツボ 3	ゴムでロケットスタート
コツNo.05 速く走る 肩を揺らさず、地面を強く速く蹴って走る P20	効くツボ 1	体を正面に向けたまま走る
	効くツボ 2	跡がつくくらい強く蹴る
	効くツボ 3	コースとペースを意識する
コツNo.06 長く走る 親子で一緒に楽しく走ってペース配分を考える P22	効くツボ 1	会話しながらゆっくり走る
	効くツボ 2	一定の力を出し続ける
	効くツボ 3	デッドポイントで歩かない
コツNo.07 長く走る スッスッハーのリズムで呼吸をしながら走る P24	効くツボ 1	基本の呼吸はスッスッハー
	効くツボ 2	走るテンポに合わせて呼吸
	効くツボ 3	いろいろな呼吸法を試す
コツNo.08 長く走る 長距離走では手の力を抜いて楽に小さく腕を振る P26	効くツボ 1	腕をブラブラして脱力する
	効くツボ 2	楽な腕振りでリズムを取る
	効くツボ 3	走りながら腕の力を抜く
コツNo.09 長く走る 歩幅は小さく、ジャンプせずにカカトから着地して走る P28	効くツボ 1	カカトから着地して走る
	効くツボ 2	歩幅は小さく、リズムよく
	効くツボ 3	バタバタと音をさせない
コツNo.10 長く走る 筋弛緩法とイメージトレーニングでリラックスする P30	効くツボ 1	一旦力を入れて脱力させる
	効くツボ 2	楽しいことを考えさせる
	効くツボ 3	仮想コースでペース配分

▌▌PART2 跳ぶ力をのばす

コツNo.11 なわ跳び 頭からつま先までを一直線にして、一定のリズムで跳ぶ P34	効くツボ 1	頭からつま先を一直線に
	効くツボ 2	ヒザを曲げすぎず軽く跳ぶ
	効くツボ 3	円の中で安定してジャンプ

PART3 投げる力をのばす

PART4 回る力をのばす

PART5 バランスを取る力をのばす

あとがき

　27 年前、小学 3 年生 A 君の「逆上がり」の克服をきっかけとして、体育個人指導をしました。指導をスタートしてからその間、子どもたちの苦手な体育やスポーツを克服すべく、1 対 1 のマンツーマンによって、「こころとからだ」をサポートして参りました。

　まだ成長過程にいる子どもたちゆえに、目に見える一つの課題でも、実に奥深い、目には見えづらい様々な課題というものがありました。

　生まれ育った環境、両親からのしつけや教育、この変化の大きい環境に順応しなければならない時代から、子どもたちの表面的な課題は同じでも、多種多様な個々の課題が潜んでおります。

　そのため、指導方法にも絶対的なやり方や答えは存在せず、日々変化、変容していくものだと考えて、指導方法に努力を重ねて参りました。

　ただ、本書は約 10 年前に発刊されて以来、指導現場では、いまだに有効的な実技指導方法の一つとして活かされ続けています。

　本書のタイトル通り、「パパ、ママ」が子どもたちの先生となり、目標達成に向けて、楽しみながら真剣に向き合って頂ければ幸いです。課題克服、目標達成までの過程で起こる様々なことが、一生の宝物となること間違いなしです。

親子の絆がより強く輝くことを願って——

2020 年 9 月吉日

水口高志

著 書 ・ 監 修

体育家庭教師 スポーティーワン代表

水口 高志（みずぐち・たかし）

元・日本体育大学 非常勤講師

1973年、静岡県生まれ。1993年、日本体育大学在学中より体育の個人指導を始め、2001年に体育家庭教師派遣会社「スポーティーワン」を設立。2005年、少人数制体育スクール「スポーティーワン教育プラス」を開講し、2008年4月には体育専門校「スポーティーワンアカデミー」開校。運動を通して"やればできる！"という気持ちを伝えるべく、心理カウンセラーの資格も生かして、3,000名以上の子どもたちに指導を行ってきた。
現在は、学校法人・教育機関等で講義・講演・イベント等で携わっている。

○著書・監修
　「ぼくは体育の家庭教師」（エクスナレッジ）
　「足を速くするにはコツがある」（保健同人社）
　「1週間でかけっこが速くなるトレーニング」（PHP研究所）
　「みるみる運動神経がよくなる 逆上がりができるコツ かけっこが速くなるコツ」（学習研究社）
　「読むだけでどんな運動もできるようになる！」（すばる舎）他
○お問い合わせ先
　miz480402@gmail.com まで

撮影に協力してくれた子どもたち <small>（撮影当時のメンバー）</small>

わこうさきちゃん

わこうまゆちゃん

のなかなるみちゃん

ほんだたくみくん

みきゆういちくん

すみだこうたくん

すわべりょうまくん

STAFF

● 監修者
　水口高志（体育家庭教師　スポーティーワン代表）
● 撮影
　河野大輔
● ライター
　北野真弓
● デザイン
　沖増岳二
● 編集
　ナイスク（http://naisg.com）　松尾里央　岸 正章
● イラスト
　若生 ひとみ

体育が得意になる！
パパとママのとっておきコーチ術　新装改訂版

2020年　10月20日　　第1版・第1刷発行

監修者	水口高志（みずぐち たかし）
発行者	株式会社メイツユニバーサルコンテンツ
	（旧社名：メイツ出版株式会社）
	代表者　三渡　治
	〒102-0093東京都千代田区平河町一丁目1-8
	TEL:03-5276-3050（編集・営業）
	03-5276-3052（注文専用）
	FAX:03-5276-3105
印　刷	シナノ印刷株式会社

ご意見・ご感想はホームページから承っております。
ウェブサイト　https://www.mates-publishing.co.jp/

編集長：折居かおる　副編集長：堀明研斗　企画担当：大羽孝志／千代　寧

※本書は2009年発行の『体育が得意になる！パパとママのとっておきコーチ術』を元に加筆・修正を行っています。